KB002726

정부투명성

이윤수

法 文 社

정부투명성은 여러 세계기구와 선진국에서 거버넌스의 병폐를 치료해줄 처방정책으로 폭넓은 지지를 받고 있다. 우리나라도 민주화와 정보화를 바탕으로 정부투명성에 있어서 큰 폭의 발전이 있었다. 예를 들어, 1996년에 시행된 <공공기관의 정보공개에 관한 법률>을 기점으로 우리나라 정부는 전자정부를 가동했고, 정부3.0을 추진하는 등 투명성에 있어서 괄목할 만한 성장을 해왔다. 또한 지방자치시대를 맞이하여 지방재정투명성에도 관심이 높아졌다. 그리고 근래 빅데이터 분석기법이 발달하면서 공공기관 데이터 사용처도 늘어나서 정부 투명성은 도외시할 수 없는 중요한 범사회적인 주제가 되었다. 하지만 정부투명성의 의도하지 않은 부작용이 나타나거나, 계획한 것보다 효과적이지 않는 등의 여러 가지 문제가 발생하였다. 이에 따라 여러 학자들이 정부투명성에 대한 활발한 연구를 하고 있다. 이러한 중요성에도 불구하고 우리나라에서는 아직 정부투명성을 집중적으로 다룬 서적이 많지 않다. 이러한 이유로 이 책에서는 정부투명성에 대해서 체계적으로 논의를 하고자 한다.

사회과학분야에서 투명성이라는 개념은 정부만을 대상으로 하고 있지는 않다. 투명성은 정부는 물론이고 사기업, 비영리단체까지도 중요하게 논의되는 개념이다. 이뿐만 아니라, 공공기관으로서 공기업이나 준정부기구도 투명성 논의에서 벗어날 수 없다. 투명성과 관련된 여러 주체 중에서 본서는 기본적으로 정부를 대상으로 논할 것이다. 다만 우리나라 사례를 이야기할 때, 공기업의 투명성에 대해서도 살펴볼 것이다. 그리고 정부의 활동이 사기업과 제3영역에 있는 조직의 투명성과 관련하여 영향을 미치는 경우도 설명하겠다.

이 책은 크게 2부로 구성되어 있다. 1부에서는 정부 투명성에 대한 이론적인 논의를 하고, 2부에서는 실제로 정부투명성이 어떻게 나타나는지에 대해서 기술하였다. 구체적으로 1장에서는 투명성에 대한 정의가 무엇인지 살펴보고 다양한 투명성에 대한 종류를 살펴보았다. 그리고 정부투명성과 깊은 관계가 있는 개념을 비교, 설명하고 전자정부, 열린정부에 대해서 서술하였다. 2장에서는 정부 투명성이 중요한 이유를 살펴보고, 이에 대한 낙관론자와 비관론자의 의견의 차이를 비교하고 제3의 의견을 살펴보았다. 3장에서는 정부 투명성이 어떻게 현실적으로 구현되는지 상술하였다. 4장에서는 국제기구와 국제적인 비영리기구가 정부투명성을 진작시키기 위해서 어떠한 노력을 하고 있는지 살펴보았다. 5장에서는 미국, 독일, 싱가포르 등 선진국을 비롯한 여타 다른 나라에서 어떻게 정부투명성을 관리하는지 각 나라에 맞는 흥미로운 사례를 중심으로 설명하였다. 마지막으로 6장에서는 정부투명성을 확보하기 위한 우리나라의 노력을 다각도로 살펴보았다.

2024. 1.

华岗楼 연구실에서

이윤수(李允秀, Yunsoo Lee)

차 례

제1부 이론적 관점

제1장 정부투명성의 개념

제 2 부 투명성의 실제

제 3 장 투명성 구현방법

제 4 장 국제기구의 노력

제 5 장 세계 주요 나라의 노력

제 6 장 대한민국의 노력과 발전

제 1 부

이론적 관점

제1장

정부투명성의 개념

1. 정부투명성의 배경과 정의
2. 투명성의 종류
3. 투명성 측정방법
4. 전자정부와 열린정부
5. 기밀성

제1장

정부투명성의 개념

1. 정부투명성의 배경과 정의

(1) 정부투명성의 역사적 배경

정부투명성에 대한 논의가 본격적으로 시작된 것은 불과 40여 년에 지나지 않는다. 우리나라는 물론이고 외국 선진국에서도 정부가 보유하고 있는 다양한 정보를 자발적으로 공개하는 경우는 드물었다. 투명성 정책에 있어서 선진국이 현재와 같은 운영방식을 가진 것은 대체로 제2차 세계대전 이후의 일이다. 많은 유럽 국가를 비롯한 세계의 여러 나라에서는 19세기까지 실질적 의미의 왕정체계를 가지고 있었다.[1] 왕정체계에서 백성이 정부에게 정보를 요구한다는 것을 상상하기 어려운 일이었다. 그러다가 20세기 들어와서는 세계는 두 번의 큰 전쟁에 휩싸이게 된다. 전시 상황에서 시민이 정부에게 정보를 요구할 여유는 없었다.

근대적인 의미의 정부투명성을 확보하기 시작한 곳은 스칸디나비

1) 현재에도 영국, 벨기에, 네덜란드, 스웨덴 등 여러 국가에서는 군주가 있다. 하지만 지금은 정치적인 상징만 있을 뿐이다.

아 반도의 국가들이었다. 정보공개법의 효시는 1766년에 스웨덴에서 만들어진 출판자유법이다(임현 · 정다은, 2015). 다만 18세기에 제정된 만큼 현대적인 의미와는 조금 다르다. 현대적인 의미에서 법적인 근거를 갖춘 것은 20세기 중반에 이르러서였다. 스웨덴이 1949년, 핀란드가 1951년, 덴마크가 1964년에 정부정보 공개법안을 마련하였다.

현대적인 의미의 정부투명성에 관련해서 가장 큰 영향력을 발휘한 나라는 미국이었다. 미국에서는 정보로 무장한 시민이 민주사회를 구축하고 부패를 척결하는데 큰 역할을 한다고 생각하고 정보공개법을 제정하였다(정하명, 2010). 이러한 배경에서 정보공개법(Freedom of Information Act)이 1966년에 마련되었고 이 법은 투명성을 획기적으로 늘리는 전기를 마련하였다.

이러한 바탕에서 본격적으로 세계 여러 나라에서 정부투명성이 큰 화두가 된 것은 소련이 붕괴되어 냉전시대가 종식된 후이다. 냉전 시대에는 자유민주주의 진영과 사회공산주의 진영의 첨예한 대립으로 인하여 국가기밀이 중요시 되었다. 그래서 시민이 국가에 대해 정보를 요구하는 것이 어려운 사회적 분위기가 있었다. 그러나 소련이 붕괴되고 공산권이 실질적으로 위협이 되지 않자 자유민주주의 국가의 사람들은 정부에 대한 외경심을 덜 갖게 되었다. 동구권이 붕괴된 후, 이탈리아는 1990년, 스페인은 1992년, 벨기에는 1994년, 영국은 2000년, 스위스는 2004년, 독일은 2005년에 정보공개법안을 마련하고 투명성에 대한 기틀을 마련하였다. 그래서 2017년에 나온 Maria Cucciniello와 그의 동료들이 낸 논문 제목이 "25 Years of Transparency Research: Evidence and Future Directions"이다. 그들은 1992년을 정부투명성의 연구가 본격적으로 시작되었다고 보았는데 그만큼이나 정부투명성에 대한 논의가 활발하게 진행된 것은 상당히 최근 일이라고 볼 수 있다.

냉전 시대 후, 세계화의 바람은 민주화의 발전을 도모했고, 사회가 민주화되면서 투명성 정도도 전반적으로 올라갔다(이상환, 2011). 그리고 1990년대 정보통신기술이 발달하여 인터넷이 점차 대중화되었고, 이에 발맞추어 세계의 많은 정부는 전자정부를 구축하였다. 전자정부는 정부가 가지고 있는 정보를 적은 비용으로 공개할 수 있는 획기적인 계기가 되었다. 그 후 21세기에 들어서서 전자정부는 물론이거니와 많은 민주주의 정부가 열린정부를 지향하는 기조로 바뀌었다. 이는 단순히 일방적으로 정부가 정보를 공개하는데 그치지 않고 시민들이 적극적으로 쉽게 온라인을 통해서 참여하고 정보를 요구하는 시대가 도래한 것을 의미한다.

위에서 언급한 역사적인 거시적 흐름과 더불어 정부투명성이 범세계적으로 증가한 여러 가지 구체적인 요인이 있다. 수많은 요인을 크게 3가지로 나누어 볼 수 있다. 첫째, 정치적인 측면, 둘째, 경제적인 측면, 셋째, 기술적인 측면으로 파악해 볼 수 있다.

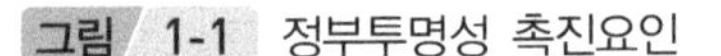
그림 1-1 정부투명성 촉진요인

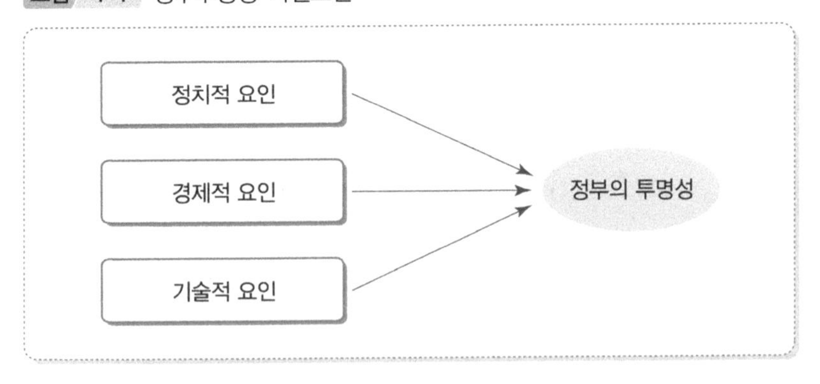

(2) 투명성 증가의 정치적 요인

민주적 가치의 확산과 정부투명성 확대는 밀접한 관계가 있다(Florini, 1998). 민주주의는 말 그대로 국민이 나라의 주인인 사회를 뜻한다. 국민이 주인이고 정부가 주인을 대리해서 일을 하고 있다면 주인인 국민이 정부가 하는 일을 알아야 하는 것은 당연한 알권리이다(윤상오, 2015). 시민이 세금을 내서 운영되는 정부가 하는 일을 알려면 투명한 정보공개가 필요하다(Bannister & Connolly, 2011).

또한 투명성은 민주적인 의사결정의 핵심적인 요소이다(Kim, 2008). 시민이 정부를 알 수 있어야 정부의 활동도 민주적 정당성도 획득할 수 있다(홍완식, 2014). 공동체의 인구가 증가하면 대의민주주의가 불가피하게 들어설 수밖에 없다. 그리고 사회가 복잡다단해지면서 업무가 시민 개인이 처리할 수 없는 전문화된 수준에 이르렀다. 이런 상황에서 대의기관과 시민들 사이에 신뢰관계가 중요한데 투명성은 대표자들을 감독하고 책임성을 확보할 수 있기 때문에 민주주의를 실질적으로 실현하는 핵심적인 역할을 한다(백수원, 2011). 반대로 실질적인 왕정체제를 가진 나라에서는 정부정보공개법조차 마련되지 않은 경우가 많다. 국민이 국가의 주인이 아니라 왕이 주인이기 때문에 국민이 국가가 어떻게 운영되는지 알권리는 없는 것이다. 만약에 이러한 왕정국가에 정부투명성이 있다면 그것은 권리가 아니라 국가가 준 시혜로 주어진 투명성일 것이다.

시민참여와 정부투명성은 깊은 관계가 있다(박홍식, 2001). 시민들이 정부투명성에 대한 태도가 정보 공개법안이라든지 공무원들이 정보를 배포하는 의지에 영향을 준다(Camaj, 2016). 사회가 민주화되면서 시민들이 적극적으로 정부운영에 참여할 수 있는 길이 열렸다. 막스베버(Max Weber)가 구상했던 초창기 관료제에 근거한 정부는 시민참여를 달가워하지 않았다. 왜냐하면 시민들이 참여하여 다양한 의견을 내고 이를 반영하는 것이 자칫 효율적인 행정을 방해할 수 있기 때문이다. 이 고전적 의미의 관료제의 문제는 관료들이 생각하는 바와 시민들이 원하는 바의 괴리가 커질 수 있다는 것이다. 그 결과 시민들이 필요하고 원하는 행정서비스를 받지 못할 수 있다. 그래서 신공공관리(New Public Management) 사조에 따르면 마치 기업이 소비자의 성향을 파악하기 위해 노력하듯, 정부는 시민들의 목소리를 반영하여 정부를 운영해야 한다고 주장한다. 실제로 국정에 시민이 참여하면서 정부에 대해서 이해하기도 하고 더 많은 정보를 요구할 수 있다. 이러한 시민참여가 투명성을 가속화시켰다(Welch, 2012).[2)]

민주사회에 있어서 정당 간의 경쟁이 투명성을 증가시킬 수 있다(Caamano-Alegre et al., 2013). 민주주의 사회에서 가장 중요한 점은 선거다. 그리고 이 선거의 결과는 시민의 투표로 결정된다. 그러므로 정당에서 시민들의 표를 얻기 위해 노력하는 것은 당연한 이치이다. 시민들은 정부가 무엇을 하는지 궁금해 하고, 궁금함을 풀기 위해서는 정부투명성이 필수적이다. 이러한 시민들의 요구에 부응하기 위해서 정당에서는 투명성 증진을 공약으로 내세우기 마련이다. 정부의 기밀을 강조하는 정당을 자유민주주의 시민은 덜 선호하기에 여

2) 물론 신공공관리가 오히려 투명성을 감소시킨다는 주장도 있다. 예를 들어, Roberts (2000)는 신공공관리가 정보공개법의 실행을 오히려 저해한다고 주장하였다. 문제의 소지는 정보공개법 등으로 인하여 투명성이 늘어나 시민들이 정보공개를 신청하면 제반시설을 갖추고, 인력을 더 투입하고, 정보비공개에 대한 이의제기로 인한 소송도 겪어야 하는 등, 이전보다 행정비용이 더 든다는 데 있다(Fairbank, et al. 2007; Bannister & Connolly, 2011; AbouAssi & Nabatchi, 2019). 신공공관리론의 기조 중 하나는 시장원리를 도입하여 공공부문의 불필요한 비용은 줄이겠다는 것이다. 그렇기 때문에 신공공관리를 도입하는 입장에서는 비용이 드는 정보공개법을 적극적으로 활용할 여지가 줄어들 수 있는 것이다. 비용절감에 대한 압박은 정보공개법에도 마찬가지로 적용될 수 있다. 하지만 이는 실증적으로 검증된 주장은 아니고 캐나다의 사례를 통해서 신공공관리 기법이 투명성을 줄일 수 있는 우려가 있다는 것을 표출한 것에 불과하다.

러 정당이 치열하게 경쟁할수록 이러한 투명성 증진에 대한 정책 추진을 약속하게 된다. 시민의 요구를 들어주는 민주적 토대에서 투명성 정책이 더 활성화되게 된다.

투명성이 중요하게 다루어지는 다른 이유는 투명성이 책무성(accountability)의 중요한 요소이기 때문이다(이승종, 1995; 박나라 · 이종수, 2010; Ananny & Crawford, 2018; McDermott, 2010; Neyland, 2012; Piotrowski, 2007; Smith, 2010). 투명성이 없으면 정부성과를 파악할 수 없고 정부성과를 파악하지 못한다면 정부가 책임지지 않기 때문이다(Fung & Weil, 2010; Koppell, 2005; Meijer et al., 2012; Porumbescu, 2017b). 시민들이 정부가 하는 일을 볼 수 있다는 뜻은 시민이 정부를 통제할 수 있는 의미도 된다. 공무원들은 시민들이 정부가 하는 일을 알고 있다는 것을 인지한다면 위법적인 일을 하거나 도덕적으로 흠결이 있는 행위를 하는 것을 줄일 가능성이 크다. 그래서 투명성은 정부의 적법성을 증진시킬 수 있는 중요한 도구로 파악된다(Coglianese, 2009).

이와 연관되어 중요하게 논의되는 것이 투명성이 부패를 줄일 수 있다는 점이다(Badun, 2009). 의사결정과정이 투명하게 공개된다면 부정부패를 하였을 때 발각될 가능성이 높아진다. 처벌의 강도가 동일할 때 발각될 확률이 높아지면 부정한 행위를 덜 하게 될 것이다. 이 논리가 투명성을 증진하려는 여러 정부의 이론적 기반이 되기도 하였다.

다원적 참여를 기반으로 한 거버넌스의 정착은 투명성을 더욱 요구하는 계기가 되었다(장용석 · 송은영, 2008).[3] 과거에는 정부가 일방

3) 좋은 거버넌스(Good governance)가 투명성을 증가시켰다는 것이 다수 생각이다. 하지만 반대의 생각도 존재한다. 즉, 투명성이 올라서 거버넌스가 좋아졌다고 보는 것이다. 추후에 투명성과 거버넌스와의 인과관계에 대한 연구가 더 필요하겠지만 현재 확실히 말할 수 있는 것은 투명성과 거버넌스가 매우 밀접한 관계가 있다는 것이다.

적으로 시민사회, 기업, 그리고 비영리단체에게 고압적인 태도를 보였다. 그래서 정부가 보유한 정보를 사회구성원들이 요구하는 것이 쉽지 않았다. 하지만 정부, 시민, 기업, 비영리단체와의 협업이 중요해지면서 사회구성원들은 정부에 대한 정보를 적극적으로 요구하기 시작하였다. 이러한 상황에서 정부투명성은 더 이상 정부의 시혜가 아닌 사회구성원의 권리가 되었다. 결과적으로 거버넌스 시대의 도래는 정부투명성을 높이게 되었다. 즉, 정부투명성은 민주적 거버넌스의 필수적인 요소가 된 것이다(Aftergood, 2008). 이러한 투명성은 정부실패와 시장실패를 극복하는 거버넌스의 핵심가치로 자리 매김하였다(이정철, 2016).

또한 투명성은 사회적 형평성을 진작하는 데도 도움이 된다(Wu et al. 2017). 사회적 형평성은 다채롭게 정의될 수 있다. 그 중 하나가 공평한 정부서비스 제공이다. Wu et al.(2017)의 논리에 따르면 사회적 형평성을 이루기 위해서는 기본적으로 대중이 정부가 어떻게 운영되는지 알아야 한다. 그리고 공평하게 정부서비스가 제공되기 위해서는 시민은 정보의 자유를 가지고 정부의 정보를 얻어야 한다. 특히 시민들이 정보공개권을 신청하는데 있어서 정부가 어떻게 잘 대응하는지는 시민들이 정부가 공평하게 대우하는지를 판단하게 하는 척도가 된다. 게다가 정부가 투명하게 정보를 공개하는 행위 자체가 시민을 위한다는 신호를 준다(Porumbescu, 2017a). 이러한 이유로 정부투명성은 사회적 형평성 향상에 도움이 될 수 있다.

정부투명성이 정부성과를 인식 가능하게 하고 행정의 만족도와 적법성을 높이는 중요한 도구로서 여겨진다(박흥식 · 나현, 2010). 이렇게 투명성이 도구적인 측면에서 가치가 있을 뿐만 아니라 투명성은 그 자체로 민주적인 가치를 내포한다(Grimmelikhuisen et al. 2013; Meijer et al., 2012; de Fine Licht, 2011). 건강한 민주주의를 위해서는 시민들이 정부에 대해서 잘 알고 있어야 한다(Fairbank, et al. 2007). 이러한 의미로 Piotrowski(2014)는 정부투명성을 체제가치(regime value)에 부합한다고 보았다. 여기에서 논의되는 체제란 자유민주주의 체계를 뜻한다. 그러므로 정부투명성 그 자체만으로도 민주사회의 정부가 갖는 내재적인 가치임을 암시한다(Lee, 2018). 이러한 의미에서 Birchall(2012)은 투명성이 민주사회에 있어서 도덕적 권위를 갖게 되었다고 보았다.

물론 이러한 민주주의 사회를 위해서도 투명성이 장려되지만, 실제 정치적인 이유에서도 투명성은 옹호되기도 한다. 예를 들어, 정부투명성이 높아지면 정책시행의 결과가 나빴을 경우의 정부성과에 대한 비난이 정책입안자에서 일선의 행정기관으로 넘어간다(Vanhommerig & Karré, 2014). 그래서 정책을 결정하는 정치인 입장에서는 정부성과가 투명하게 공개된다면 그들이 가질 부담감을 덜 수 있다. 이러한 이유로 정치인들이 투명성을 지지하기도 한다. 이렇게 한번 행정부의 투명성이 올라가서 한 부처에서 열린정부 시책을 시작하면 다른 부처에서도 따라서 시행하는 모방적 동형화(Memical Isomorphism)가 나타나기도 한다(Zuiderwijk & Janssen, 2014).

그리고 투명성은 정부와 상대하는 기업의 권리를 위해서도 중요하다. 기업은 시민과 정부와 함께 사회를 구성하는 3대 구성원 중 하나이다. 특히 기업이 정부를 상대로 거래를 하는 경우에 정부의 투명성은 매우 중요하다. 예를 들어, 정부에 물품을 조달하는 기업의 경우에 정부에 대한 정보를 제대로 취득하지 못하면 정부와의 관계가 대등하지 않게 된다. 그러므로 계약부터 관련 제반 조건을 투명하게 공개하는 것이 기업의 권리보호를 위해서라도 중요하다(김대인, 2005). 정부의 운영방식이 투명하게 공개가 되어야 기업의 입장에서도 공개된 정보에 맞추어 거래를 할 수 있다.

위에서 언급한 여러 가지 투명성의 긍정적인 점에도 불구하고 현실에서는 반대에 부딪힐 수 있다. 정보가 힘이라는 명제를 사실로 받아들인다면 투명성으로 정보가 공개되면 정보를 가졌었던 측에서는 그만큼 손해일 수 있기 때문이다. 특히 정부입장에서는 국민이 모르는 정보를 가지고 기득권을 취했을 수도 있다(Dogan, 2010).

그럼에도 불구하고 정치인들이 정부의 투명성을 증가시키려는 이유는 분명히 있다. 우선 대체로 시민들은 정부투명성을 늘리는 데에 찬성을 한다. 왜냐하면 시민들은 그들의 대리인이 어떻게 일하고 그 결과가 어떻게 되었는지 알고 싶어 하기 때문이다. 그러므로 투명성이 올라가면 시민들의 호응도 커질 가능성이 크다. Alt et al.(2002)은 재정투명성이 정치인의 지지도에 긍정적인 영향을 준다고 밝혀냈다. 선출직 정치인에 입장에서 지지도는 생명과 같은 존재이다. 정치인은 선출된 이후에 단임제가 아니라면 재선을 신경 써야 한다. 그런데 투명성을 올리는 정책이 시민의 호응을 받기 때문에, 정치인의 지지도를 올리는데 도움을 준다면 정치인 입장에서는 투명성을 늘리지 않을 이유가 없다. 이러한 이유로 많은 나라에서 투명성을 올리는 정책이 법제화되어졌고 실행되었다.

(3) 투명성 증가의 경제적 이유

정치적인 문제 외에도 경제적인 이유로도 투명성이 강조된다. 투명성이 낮다는 것은 그만큼 불확실성이 크다는 의미이다(Glennerster & Shin, 2008). 불확실성 속에서 기업이 활동하기는 어렵다. 반면에 정부의 정책이 투명하게 공개되고 정부가 국가에 대한 정보를 많이 공개할수록 기업활동하기가 편하다. 그리고 다른 조건이 동일하다면 활발한 기업활동은 경제에 활력을 가져다 줄 수 있다. 이러한 논리에 따르면 정부투명성은 나라경제에 긍정적인 효과를 줄 수 있다.[4]

또한 국제화의 물결은 투명성을 높이는 계기가 되었다. 세계 경제가 하나가 되면서 다국적 기업의 영향력이 커져서 개별 국가의 정책에도 영향력을 크게 미칠 수 있는 존재가 되었다(이상환, 2011). 외국 기업이 투자하는 데 있어서 정부정책의 투명성은 필수적인 요건이다(Relly & Sabharwal, 2009). 예를 들어, 기업이 투자하려는 나라의 재정, 노동, 환경 정책에 대해 숙지를 해야 그 나라에 투자하고 자회사를 설립하고 지점을 열 수 있다. 그러므로 굴지의 다국적 기업을 유치하기 위해서라도 정부투명성을 증진시킬 필요가 있는 것이다.

기업의 투자뿐만 아니라 국제기구나 타국으로부터 도움을 받을 경우에도 투명성이 필요하다. 개발도상 국가가 국제기구를 통해서 원조를 받을 경우에 종종 투명성을 제고하라는 압박을 받는다(박흥식, 2002). World Bank나 Inter-American Development Bank, Asian Development Bank 같은 국제기구에서는 물품을 지원하거나 융자할 때 지원대상국의 정보를 확보하려고 노력한다(Nelson, 2001). 국제기구가 재원을 지원하려는 나라는 대개 후진국이므로 거버넌스가 불투명한 경우가 많다. 투명성이 확보되지 않은 상황에서는 국제기구가 재원을 지원한다고 하더라도 본래의 목적에 따라 쓰이는지는 알 수 없게 된다. 예를 들어, 유니세프(Unicef)에서 가난한 아동을 위한 구호물자를 지원해도 지원받은 나라의 투명성이 낮다면 구호물자가 제대로 전해졌는지는 알 수 없게 된다. 그렇기 때문에 국제기구에서는 지원국가의 투명성을 당연히 요구하게 된다.

개발도상국이 아니더라도 세계화된 시장 속에서 World Trade Organization(WTO)같은 기구는 정부의 투명성을 촉구한다(김대인,

4) 물론 이 논리도 논쟁이 있을 수 있다. Ingrams et al.(2020)은 GDP가 높을수록 전자정부의 수준도 높다고 보고하였다. 즉, 경제적으로 부유할수록 투명성을 진작시킨다는 것이다.

2005). 현재 자유무역 시대에 각 나라의 상황을 알아야 국내뿐만 아니라 해외에 있는 기업도 투자하고 수출할 수 있다. 전 세계적으로 투명성이 올라가 기업들이 각 나라의 시장에 참여하면서 안정적으로 시장활동을 할 수 있다면 소비자의 후생수준이 전반적으로 올라 갈 수 있다. 그리고 Arbatli & Escolano(2015)는 재정투명성이 국가의 신용도를 향상시키는 것을 확인하였다. 이는 높아진 투명성으로 인하여 외국에서도 그 나라를 믿을 수 있다는 것을 뜻한다.

투명성을 촉진시키려는 또 다른 이유는 정부투명성이 정부 운영에 도움이 된다고 보기 때문이다. 정부정보공개는 더 나은 의사결정에 도움이 된다(UN, 2016). 또한 투명성이 부당한 결정을 줄일 수 있다(최승환 · 이원희, 2008). 국정운영에 있어서 정보가 공개가 되지 않을 경우에는 상식적이지 않은 일이 일어나도 제대로 감시받지 않는다. 하지만 투명한 행정이 이루어진다면 결정권자가 더 큰 책임감을 가지고 결정을 내리게 된다. 그래서 결과적으로 상식적으로 이해하지 못할 결과를 방지할 수 있다. 이를 통해 결국 불필요한 사회적인 비용을 줄일 수 있게 한다. 반면에 불투명한 정치체계에서는 정치적 의사결정자들은 시민들의 이익과는 상관없이 자신의 이익만 챙기는 도덕적 해이가 일어날 수 있다(Dogan, 2010). 불투명하게 정부가 운영된다면 소수의 사람들의 후생은 증가하지만 다수의 사람들의 후생에는 도움이 되지 못한다.

물론 추후에 논의되겠지만 이 부분은 논쟁의 여지가 있는 부분이다. 왜냐하면 많아진 정보로 인하여 혼란이 가중될 수 있는 면이 있기 때문이다. 투명성에 대한 비관적인 부분에도 불구하고 많은 정부들이 적극적으로 투명성을 높이는 데 주저하지 않았던 이유 중 하나는 투명성이 정부효능성(Government efficacy)을 향상시킬 수 있다는 생각이 있었기 때문이다.

또한 정부투명성은 시민들의 학습능력을 배가시키고 더 나은 아이디어를 창출할 수 있는 기회를 만든다(Li & Li, 2012). 정부는 시민들을 위해 정책을 입안하고 실행한다. 정부가 투명하게 정보를 공개하면 시민들을 그 정보를 통해서 주위 공동체에서 무슨 일이 일어나는지 더 잘 알게 된다. 이러한 상태에서 시민 개개인의 다양한 지식과 배경이 결합하게 되면 좋은 아이디어가 만들어 질 수 있다. 아무리 공무원들이 전문적인 지식을 가지고 정책을 만든다고 하지만 현실상황을 모두 다 알 수는 없다. 그렇기 때문에 더 나은 정책을 위해서는 시민들의 참여가 필수적이다. 투명성으로 인하여 시민들이 더 좋은 아이디어를 가지고 그들의 아이디어를 정책에 반영할 수 있다면 사회적 후생도 그만큼 올라갈 것이다.

(4) 투명성 증가의 기술적 이유

정치적, 경제적인 이유 외에도 기술적인 요인이 투명성에 영향을 미쳤다. 최근 정보기술이 발전하면서 과거에는 구상에만 그칠 수밖에 없었던 전자정부가 실현가능해졌다(Bannister & Connolly, 2011). 현재는 시민들이 익숙하게 정부의 홈페이지를 인터넷을 통해 방문하지만 불과 30여 년 전에는 정부라 함은 실제로 공공기관에 찾아가야 인식할 수 있는 존재였다. 지금도 관공서에 가보면 여러 정보들을 게시판에 공고하기도 한다. 하지만 이제 정부가 알리는 정보를 알기 위해서 관공서를 직접 찾아가는 사람은 드물다. 시민들이 손쉽게 인터넷을 통해서 정부의 정보를 알 수 있는 기반이 갖추어진 것이다.

정보통신기술의 발전을 통해서 인터넷이 발달한 초기에는 개인용 컴퓨터(Personal computer)를 통해서 정부홈페이지를 접속했다면 2010년 이후에는 스마트폰을 기반으로 한 모바일 기기를 통해서 정부가 제공하는 어플리케이션(Application-줄여서 앱)을 통해서 정보를 얻을 수 있게 되었다. 정부의 각 부처에서는 모바일 어플리케이션을 제공하고 있다. 예를 들어, 식품의약품안전처에서는 <내손안 식품안전정보>이라는 어플리케이션을 무료로 제공하고 있다. 이 어플리케이션을 통해서 이용자는 가고자 하는 식당이 위법한 행위를 했는지 알 수 있다. 이 어플리케이션이 없었던 때에는 식당이 위법한 행동 없이 운영되고 있는지 알고 싶다면 우선 관공서에 가서 정보를 요청하여 확인해야 했다. 인터넷이 발전한 후에는 시민이 식약청 홈페이지에 가서 확인할 수 있었다. 그리고 이제는 스마트폰으로 언제 어디서든 접속하여 정보를 알 수 있는 시대가 된 것이다. 정보과학기술이 유비쿼터스(Ubiquitous) 시대를 만들었고 시민들은 이 덕분에 적은 비용으로 정부가 가진 정보를 파악할 수 있게 되었다.

이 뿐만 아니라 정보통신기술은 원천적으로 데이터의 양과 질을 향상시켰다(Meijer, 2003). 정보기술이 발달하지 않았을 시절에는 방대한 자료를 제대로 기록하지도 못했고, 관리하지도 못했었다. 조선시대에 작성된 조선왕조실록은 500년에 가까운 시간에 걸쳐서 기록된 자료이다. 이 자료가 구축되기까지는 수많은 사관의 노력이 있었고, 그들이 기록한 자료는 전국에 나누어 보관되었다. 이를 위해서는 상당한 비용이 소용됨은 물론이었다. 이렇게 기록되고 보관된 조선왕조실록을 통해서 현재를 살아가는 사람들도 당시에 왕실이나 나라에 어떠한 사건이 있었는지를 소상하게 알 수 있다. 반면에 조선시대에 살았던 평범한 백성의 삶에 대해서는 잘 알려져 있지 않다. 그 이유는 평범한 사람들이 기록할 도구가 변변치 않았기 때문이고, 있더라도 그 비용이 매우 비쌌기 때문이다. 하지만 현재, 일반 시민들은 자신의 일들을 다양한 방법을 통해서 쉽게 기록하고 있다. 기술이 발전된 덕분에 데이터 생산량 자체가 폭발적으로 늘어난 것이다. 마찬가지로 정부가 만들고 수집할수록 기록도 급격히 늘어났다.

예전에 자료가 방대할 경우에는 관리하는데 비용이 많이 들어서 폐기하는 경우도 있었다.[5] 예를 들어, 하드디스크 1기가 바이트를 관리하는데 5층짜리 건물공간이 필요하던 시절이 있었다. 하지만 과학기술의 발전으로 인하여 비교적 저렴한 비용으로 방대한 양의 자료를 영구히 보존할 수 있는 길이 생겼다. 이러한 변화에 따라 시민들이 청구할 수 있는 정보의 양 자체가 크게 늘어났다.

위에서 언급한 정치적, 경제적, 기술적인 요소 외에 투명성에 영향을 미치는 다양한 요소가 존재한다. 예를 들면, 지도자의 역량, 조직풍토 같은 점도 투명성에 영향을 줄 수 있다(민경연, 2017). 정부의 투명성에 대한 지침이 동일하더라고 그것을 운용하는 사람에 따라 실질적인 투명성의 정도가 달라질 수 있다. 정보공개청구가 들어오더라도 그것을 처리하고 결정하는 것은 사람이기 때문이다. 특히 이 부분이 문제가 되는 것은 정보공개사항이 애매한 경우다. 정보공개대상이 명확히 정해져 있는 경우에는 정보공개가 기속행위가 되기 때문에 문제가 되지 않는다. 그런데 공개규정이 적시되어 있지 않은 부분에 있어서의 정보의 경우는 관리자가 공개여부 결정을 하게 되는 재량행위가 된다. 이럴 경우에는 책임지는 사람이 어떠한 판단을 하느냐에 따라 공개되는 정보의 정도가 달라진다.

(5) 투명성에 대한 개념정의

투명성은 원래 물리학에서 물질이 광선, 소리, 전파 등을 얼마나 투과시킬 수 있는지를 보는 개념으로 시작하였으나 사회과학 각 영역으로 들어와 파급되었고, 행정개혁의 가치로 해석되었다(박흥식,

---

5) 현재도 자료를 폐기를 하지만 관리를 못해서가 아니라 개인정보보호를 위해서 주로 파기한다.

2002; Albu & Flyverbom, 2019). 사회과학에서 정부투명성이 많이 강조되고 있지만 자연과학에서 쓰이는 것처럼 모든 사람이 수긍할 만한 정의가 존재하는 것은 아니다. 투명성이 간명하게 정의되지 않는 이유는 투명성이라는 것이 맥락, 시간, 관련된 사람을 특정하지 않고 개방성, 지식, 확인 가능함 같은 다양한 요소를 포함하고 있기 때문이다(Walker, 2016). 많은 학자들이 다양하게 투명성에 대해서 정의를 내렸다. <표 1-1>에 투명성에 대해서 그동안 학자들이 정의한 바를 정리하였다.

표 1-1 정부투명성에 대한 정의

저자	정의
박나라(2017)	공공기관이 업무 수행 중 생산·접수하여 보유·관리하는 정보가 양질(良質)의 형태로 정당하고 적절한 절차를 거쳐 정책, 고객인 시민에게 공개되는 정도
박홍식(2002)	지방정부의 정책결정이나 집행 등에 대한 완전한 정보가 정부와 주민 간에 충분한 교환, 자유로운 유통이 일어나 완전한 정보공유가 달성된 상태
백수원(2011)	감추어진 채 진행되지 않고 이해관계인 또는 모든 사람에 의해 이해가 가능하며 드나듦이 자유로운 상태
이정철(2016)	외부인이 국가의 정책이나 절차를 분명하게 보고, 인식하고 이해할 수 있는 정도
최승환·이원희 (2008)	정보의 흐름의 공개로 정부의 내면(구조 과정, 내용 등)을 시민들이 속속들이 들여다 볼 수 있는 공개의, 장막이 없는, 명료한, 정직한 숨김없는 조건이나 상태
Bauhr & Grimes (2012)	내부 혹은 외부의 사람들이 평가기관의 결과는 물론이거니와 규칙과 운영방식 정보를 접근하고 말할 수 있는 가능성
Broz(2002)	시민이 정부가 헌신하고 있는지 확인할 수 있는 용이성의 정도
da Cruz et al. (2016)	정부와 정부의 대표자들의 모든 행동이 시민사회에 적시에, 완전하게, 쉽게 공표되는 것
de Fine Licht, et al. (2014)	어떠한 기관에서 의사결정이 어떻게 그리고 왜 이루어졌는지 알게하는 정보의 정도

Etzioni(2014)	대중이 조직의 운영과 구조를 알게 하는 원리
Fenster(2006)	대중에 대한 연방, 주정부의 공개성
Fenster(2008)	대중에게 포괄적으로 정부정보를 제공하는 효과적인 도구
Fox(2007)	현직 공직자의 정책선택 공표
Flyverbom et al.(2015)	조직, 기관, 정치적 활동에 대해 요청할 수 있는 사회적 가치
Grimmelikhuijsen(2012)	시민들이 조직의 성과를 파악하고 정책과정에 참여하게 하는지 정도
Grimmelikhuijsen & Welch(2012)	외부인이 내부의 의사결정과 성과에 대해서 검사할 수 있게 조직이 정보를 적극적으로 공표하는 것
Grimmelikhuijsen et al.(2013)	조직 내 성과나 운영을 검토할 수 있게 조직 혹은 구성원에 대한 정보가 외부인에 허락될 정도
Hollyer et al.(2011)	정책관련 데이터를 배포하겠다는 정부의 의지
Koppell(2005)	기관이 성과에 대한 사실들을 공개하는 정도
Kim, et al.(2015)	시민들이 원하는 정보를 얻을 수 있는 정도
Marcus(2001)	정부 규제정책과 새로운 정책의 형성에 참여하는 주체에게 미칠 영향에 대한 명확성
Meijer et al.(2012)	정부의 의사결정과정을 볼 수 있는지 여부
Meijer(2013)	어떠한 주체가 다른 객체의 활동이나 성과를 확인할 수 있는 정보의 존재여부
Mol(2014)	정보의 공개
OECD(2002)	정책의 의도, 형성, 실행에 대해 열림 정도
Piotrowski & Van Ryzin(2007)	공공기관 안에서 일어나는 일들을 알아 낼 수 있는 능력
Pitlik et al.(2010)	대리인의 행동에 대한 정보여부
Prat(2005)	대리인이 행동하는 과정과 결과를 알 수 있는 능력

<표 1-1>에서 보면 알 수 있듯이 학자들은 투명성에 대해서 각기 다른 측면을 강조하고 있다. Grigorescu(2002) 역시 투명성이 각기 다르게 정의되고 있음을 파악했고, 가장 폭넓게 투명성을 인지하는 방법은 '정보를 가진 A로부터 정보를 원하는 B가 정보를 받을 수 있는 능력'이라고 보았다. 이 관점에 따르면 정보의 내용이 무엇이 되었든 투명성은 정보를 요구하는 측의 영향력이 포함되어 있다. 본서에서는 간단하게 정부투명성을 "정부정보 공개정도"라고 정의하겠다.

투명성의 기저에는 정보비대칭성과 주인-대리인 이론이 내재되어 있다(박흥식, 2001; Dogan, 2010). 투명성에는 정보를 보유한 측과 정보를 보려고 하는 두 축이 있다. 투명성이라고 함은 정보를 보유한 측과 그렇지 못한 측의 정보의 비대칭성의 정도를 줄이는 것이다. 이런 성질을 시민과 정부의 관계에 투영시켜 보자면 정부투명성은 주인인 시민과 대리인인 정부 사이의 정보비대칭성 정도를 줄이는 것이다.

투명성이라는 것이 눈으로 볼 수 없는 개념이기 때문에 각기 다르게 정의할 수밖에 없는 면이 있다. 학자들이 각기 다르게 정의했지만 '정보의 가용여부'라는 데에는 공통점이 있다. 이러한 점을 고려한다면 정부투명성은 시민들이 알 수 있는 정부의 정보라고 파악할 수 있다.

즉, 정보를 가지지 못한 시민이 정부가 가진 정보를 알 수 있는 것이 투명성의 요체이다. 이 외에도 학자들은 여러 가지 부수적인 요소들이 투명성에 필수적으로 고려되어야 한다고 본다. 예를 들어, Heald(2012)는 단순한 정보의 공개뿐만 아니라 투명성은 정보를 습득하는 사람이 그것을 해석하는 능력까지 갖추어야 한다고 보았다. 이처럼 여러 가지 부수적인 조건을 든 학자들이 많았는데 이러한 부수적인 조건들은 투명성의 다양한 종류를 살펴보면서 이해를 할 수 있다.

2. 투명성의 종류

투명성을 정의하기 어려운 이유는 생각하는 것보다 더 복잡다단한 면을 가지고 있기 때문이다. 마치 같은 사람이라고 하더라도 국적에 따라서, 인종에 따라서, 종교에 따라서, 성별에 따라서 나누어 볼 수 있듯이, 같은 투명성이라는 이름을 가지고 있지만 다양한 기준으로 종류를 나누어 볼 수 있다. 그래서 투명성을 포괄적으로 이해하기 위해서는 투명성의 종류를 알아볼 필요가 있다.

(1) 협의와 광의의 투명성

우선 투명성의 개념 자체의 범위를 두고 종류를 나눌 수 있다. 장용석 · 송은영(2008)은 결과중심의 보고를 "협의의 투명성"이라고 지칭하였고 참여를 통해 사회적인 설명책임을 강조하는 부분을 "광의의 투명성"라고 지칭하였다. 이들에 따르면 협의의 투명성은 결과를 국민들에게 보여주는 것으로 흔히 생각하는 정부투명성은 이 협의의 투명성으로 볼 수 있다. 반면에 광의의 투명성은 단순히 정부가 알려주는 정보를 넘어서 시민이 참여하여 정부가 제공하는 정보가 어떠한 경로를 통해서 어떻게 만들어졌는지도 알 수 있게 하는 것을 말한다. 그래서 협의의 투명성은 결과중심적으로 위에서 아래로(Top-down) 전달되는 방식이라면, 광의의 투명성은 과정을 중시하는 밑에서 위로(Bottom-up) 전달되는 방식을 포함한다고 볼 수 있다(장용석 · 송은영, 2008).

투명성의 종류를 다르게 볼 수도 있다. Balkin(1999)은 투명성의 종류를 정보적, 참여적, 책무적 투명성으로 나누어 보았다. 우선 정보적 투명성(Informational transparency)은 정부에 대한 정보나 지식을 말하는 것으로 위에서 언급한 협의의 투명성과 일맥상통하는 의미이다. 참여적 투명성(Participatory transparency)은 시민들이 직접 혹은 간접적으로 정치적인 의사결정에 참여하는 것을 뜻한다. 이는 광의의 투명성과 맥을 같이한다. 마지막으로 책무적 투명성(Accountability transparency)은 공직자가 민의를 어기거나 법을 어겼을 때, 법적조치나 여론을 통해서 공직자를 책임지게 하는 능력을 말한다. 이 부분은 주로 정부투명성이 증가하였을 때 기대되는 효과로 논의되는 부분인데 Balkin은 투명성의 종류로 간주하였다. 물론 공직자가 책임지게 하는 데에도 투명성은 필요하다. 하지만 이것을 투명성이라고 말하기에는 무리가 있다. 책무적 투명성은 책무성이라고 보면 되고 투명성의 종류라고 보는 것은 옳지 않다.

(2) 정보공개 시점에 따른 투명성

투명성을 정보가 전달되는 시점에 따라서 현재진행형 투명성(Transparency in real time)과 회고적 투명성(Transparency in retrospect)으로 나누어 볼 수 있다(Heald, 2006). 예를 들어, 국회의사당에서 벌어지는 일을 국회방송에서 생중계하여 방송하고 있다고 하자. 이 경우에는 현재진행형 투명성이라고 볼 수 있다. 반면에 국회의원들이 비공개로 회의를 한 후 회의 내용을 정리하여 공개한다면 회고적 투명성이 있다고 볼 수 있는 것이다.

(3) 시민의 이해도에 따른 투명성

시민들의 이해 정도에 따라서 투명성 종류를 나누어 볼 수 있다. 우선 허위투명성(Pseudo transparency)은 이해될 수 없는 정보(Incomprehensive information)를 뜻한다(Grimmelikhuijsen, 2012). 여기에서 이해라고 함은 시민의 이해도를 말한다. 이해될 수 없는 정보라는 것은 제대로 준비가 되지 않은 정보를 뜻하기도 한다(Fung, 2013).

여기에서 중요하게 고려되어야 할 점은 같은 정보라도 정보의 수용자에 따라서 허위투명성의 여부가 달라질 수 있다. 예를 들어, 기획재정부가 제공하는 재정정보를 경제학 전문가나 경제에 관심이 많은 시민들은 의미 있는 정보라고 보고 정부가 공개한 정보를 허위투명성이라고 보지는 않을 것이다. 그런데 경제에 관심이 없는 일반인의 경우에는 같은 정보를 이해하지 못할 정보로 볼 수 있다. 이 경우에는 허위투명성으로 인지될 것이다.

(4) 정보 흐름의 방향에 따른 투명성

정보를 보는 주체와 객체에 따라서 내향적 투명성(Transparency inwards)과 외향적 투명성(Transparency outwards)으로 나누어 볼 수 있다(Heald, 2010). 우선 내향적 투명성이란 조직 밖의 사람이 조직 안을 들여다 볼 수 있는 투명성을 말한다. 반면에 외향적 투명성이란 조직 안의 구성원이 조직 밖을 볼 수 있는 것을 뜻한다. 이 부분을 정부와 시민의 관계로 대응해 본다면 내향적 투명성이라 함은 시민들이 정부조직 안을 들여다 볼 수 있다는 것을 뜻한다. 이 방향의 투명성이 흔히 사용되는 정부투명성의 개념이다.

반대로 외향적 투명성이란 공무원이 시민들의 삶을 볼 수 있는 것을 뜻한다. 예를 들어, 교통경찰이 CCTV를 통해서 도로 위의 자동차의 통행모습을 보는 것은 외향적 투명성이라고 볼 수 있다. 외향적 투명성의 다른 예도 많다. 정부는 사회적으로 육성해야 할 분야에 지원금을 주고 있다. 지원된 돈이 제대로 쓰이는지 파악하는 것도 중요하다. 그래야 시민의 세금이 책임 있게 잘 쓰이는지 확인할 수 있기 때문이다. 그렇게 하기 위해서는 외향적 투명성이 필요하다. 예를 들어, 정부는 매해 막대한 예산을 들여서 대학과 연구소에 연구비를 지원하고 있다. 이러한 연구비를 투명하게 집행하기 위하여 카드를 사용하고 있고 그 결과 연구비 집행이 비교적 투명하게 이루어졌다는 평가가 있다(이호철 · 신광수, 2007).

이 관계는 정부와 시민뿐만 아니라 정부 내에서도 가능하다. 예를 들면 정보를 많이 가진 행정부와 그 정보를 요구하는 입법부 사이에서도 이 투명성의 관계는 적용가능하다. 그리고 행정부 내에서도 적용가능하다. 행정안전부에서 환경에 관한 정보를 환경부에 문의하거나, 북한에 대한 정보를 통일부에 문의하는 것도 가능하다. 이러한 문의를 통해서 부처 간의 정보교류가 가능한데 이는 상대 부처가 보유한 정보를 알게 하는 기능이 있는 것이다.

투명성에 대한 방향은 정태적일 때도 있지만 실제로는 역동적으로 움직이기도 한다. 예를 들어, 제약제품과 관련되어서는 정부, 회사, 의사, 약사, 시민의 상호 간의 투명성을 요구한다(Dhalla & Laupacis, 2008). 우선 제약회사에서 약을 만들기 위해서는 정부에서 공표한 약이 시판될 수 있는 조건에 대한 정보를 알아야 한다. 그 후, 기준에 맞추어 만든 제품을 정부에 제출하면, 정부는 제약회사에 약을 어떻게 만들었는지에 대한 정보를 요구한다. 그 후 약이 일정 조건을 통과하면 시판된다. 판매가 되는 약은 의사의 처방전이 없어도 살 수 있는 경우가 있고, 처방전이 필요한 경우가 있다. 의사가 약을 처방할 때에는 처방할 약에 대해 정확히 알고 있어야 한다. 이러한 이유로 의사는 제약회사에 약에 대한 정보를 요구할 수 있고, 반대로 제약회사는 물건을 많이 팔아야하기 때문에 의사들에게 광고차원에서 자발적으로 정보를 많이 제공할 수 있다. 그리고 약사는 의사와 마찬가지로 약에 대한 정보를 요구할 수 있다. 특히 처방전이 필요 없는 약에 대해서 제약회사나 정부에 자세한 정보를 문의할 수 있다. 또한 약을 직접 도포하고 복용하는 시민의 입장에서도 주어진 정보 이외에도 더 많은 정보를 정부, 회사, 의사, 약사에게 요구할 수 있다. 이렇게 여러 이해관계자들이 정보를 상호 요구하면서 투명성 방향은 역동적으로 나타나게 된다.

정보를 보는 주체와 객체가 시민과 정부로 나뉘었을 때는 위와 같은 내향적 투명성과 외향적 투명성이 쉽게 파악이 된다. 하지만 방향성이 늘 명확하게 파악되는 것은 아니다. 예를 들어, 21세기 들어 정부는 투명한 인사행정의 일환으로 다면평가제와 같은 인사기법을 공공부문에 도입했다(강은숙 · 장지호, 2004). 과거에는 상급자가 부하직원을 평가하는 것이 통상의 예였다. 이 경우에는 투명성의 방향이 일방적으로 정해진다. 하지만 상호 평가를 할 경우에는 방향성을 정하는 것에 무리가 있다.

(5) 정보의 유용성에 따른 투명성

정부투명성은 정보의 유용성에 따라서 형식적 투명성과 실질적 투명성으로 나누어 볼 수 있다(Cucciniello & Nasi, 2014). 형식적인 투명성은 법적인 요건에 의해서 공개되는 정보다. 반면에 실질적인 투명성은 시민들이 유용하게 쓰는 정보를 뜻한다. 형식적 투명성의 예로 재정공시가 있다. 재정공시 중, 공통공시는 지방재정법과 시행령에 근거하여 총량적 재정운영결과, 재정운영에 관한 중요사항을 공표하는 것이다(이창균, 2015). 여기에서 눈여겨보아야 할 문구는 “지방재정법과 시행령에 근거하여”라는 말이다. 즉, 법적으로 공개해야만 하는 정보를 공개하는 것이다.

주의해야 할 것은 형식적 투명성과 실질적 투명성의 교집합이 없는 것이 아니라는 점이다. 법적으로 공표를 해야 해서 공개한 정보를 시민들이 유용하게 쓸 수도 있다. 이 경우에는 형식적 투명성과 실질적 투명성이 다르다고 보기는 어렵다. 예를 들어 앞에서 언급한 재정공시의 경우에 형식적 투명성이 될 수도 있지만, 실질적 투명성이 될 수 있다. 총량적 재정운영결과는 지방자치단체의 세입, 세출, 채무현황, 통합재정수지 같은 내용이 들어 있다. 그리고 주민의 관심항목을 상술하게 되어 있다. 이러한 부분은 시민들이 유용하게 쓸 수 있는 정보이기 때문에 법적으로 강제되어서 공표된 정보이면서 동시에 유용하게 쓰일 수 있는 정보가 된다. 이 경우에는 형식적 그리고 실질적 투명성이 겹치게 된다.

형식적 투명성과 실질적 투명성을 나눈 것과 비슷한 이유로 명목적 투명성(Nominal transparency)과 실질적 투명성(Effective transparency)으로 나누어 볼 수 있다(Heald, 2006). 형식적 투명성과 명목적 투명성은 법과 규정에 따라 정부가 정보를 공개할 수밖에 없다는 점에서 궤를 같이한다. 명목적 투명성과 형식적 투명성의 차이점으로는 명목적 투명성은 형식적 투명성에 비해서 정보의 무용성을 강조한다. 하지만 현실에서 형식적 투명성과 명목적 투명성 사이의 차이를 구분하는 것은 매우 어렵다.

명목적 투명성과 실질적 투명성은 대립되는 개념이라고만 볼 수 없는 이유가 명목적 투명성이 실질적 투명성의 전제조건이 되기 때문이다. 행정부는 기본적으로 입법부가 마련한 법률에 의거하여 활동한다. 그러므로 정보를 공개할 때도 법률과 규정에 근거하여 공개하게 된다. 예를 들어, 정보 공동활용을 활성화하기 위해서는 법령을 정비해야 한다(김성태, 1998). 국민들이 유용하게 쓸 수 있는 정보도 일단 규정에 따라 공개되어 나오는 정보에 기반한다. 이러한 의미에서 명목적 투명성이 있어야 실질적 투명성이 있다고 볼 수 있다.

다만 명목적 투명성 있다고 실질적 투명성이 있는 것은 아니다.

예를 들어, 국가의 행정능력이 부족한 경우에는 명목적 투명성이 있더라도 실질적 투명성이 구현이 되지 않을 경우도 있다. 투명성에 대한 법령이 존재하더라도 그 법을 실현할 행정능력이 부족하여 정보공개가 제한적으로 구현될 경우가 있다. Dragos et al.(2012)는 이렇게 행정능력부족으로 명목적 투명성이 있음에도 불구하고 실질적 투명성이 제대로 구현되지 못한 경우를 제약된 투명성(Strained transparency)이라고 불렀다. 투명성이 제약될 경우에 시민이 정보를 제대로 청구해서 받을 수 없음은 물론이고 유용하게 사용할 수도 없게 된다.

(6) 정보공개 정도에 따른 투명성

Coglianacese(2009)은 정보공개의 정도에 따라 정부투명성을 어항투명성(Fishbowl transparency)와 사려된 투명성(Reasoned transparency)으로 구분하였다. 어항투명성은 공무원의 일거수일투족을 시민들이 알 수 있을 정도의 투명성을 말한다. '어항'이라는 단어가 암시하는 것은 사람이 어항 속의 물고기를 샅샅이 관찰할 수 있는 것처럼 정부 내부를 볼 수 있다는 것이다. 반면에 사려된 투명성은 시민이 정부의 특정 행정, 정책에 대해 정보를 요구하는 것이다. 이 경우에는 정부의 모든 행동이 공개되는 것이 아니라 특정 행동에 대해서만 공개가 요구되는 것이다.

이 투명성의 구분은 같은 의미이지만 다르게 불리기도 한다. 어항투명성은 재정투명성에서 논의되는 완전공시(Full disclosure)와 일맥상통하고 사려된 투명성은 모든 정보를 공개하지 않는다는 점에서 적정공시와 유사하다. 단어 그대로 적절한 정보를 적절하게 공개하는 적정공시는 적정성을 판단하는 데 있어서 주관성이 들어갈 수 있다(이효, 2013).

(7) 정보분야에 따른 투명성

투명성은 분야에 따라서 구분될 수 있다. Meijer et al.(2018)은 투명성을 분야에 따라 정치적 투명성과 행정적 투명성으로 나누었다. 그리고 정치적 투명성을 3가지 측면으로 세분화하였다. 첫째는 민주적인 측면이다. 이 측면의 투명성의 특징은 시민에게 권한을 이양하여 역량을 배가시킨다는 것이다. 하지만 이 측면의 투명성은 정보격차, 정치적인 능력, 소득에 따라서 시민들이 할 수 있는 참여에 차이가 있을 수 있다. 둘째는 헌법적인 측면이다. 이 투명성은 정부가 권력을 남용하거나 무능해지는 것을 막을 수 있다. 반면에 이 투명성으로 인하여 정부내 감시기관의 확대가 일어날 수 있다. 마지막은 학습적인 측면이다. 이 투명성은 대중의 토론을 활발하게 하여, 궁극적으로 국정의 의사결정에 영향을 미칠 수 있게 한다.

또한 Meijer et al.(2018)은 행정적 투명성도 3가지 측면에서 나누어 보았다. 첫째는 경제성/효율성 측면이다. 이 부분의 투명성은 정책의 오류를 줄이고 행정 서비스가 시민에게 잘 전달되게 한다. 반면에 이 행정적인 투명성은 감시하는 부담이 커져서 거래비용이 증가할 수 있다. 둘째는 청렴적 측면이다. 이 부분의 투명성은 위법한 부분을 탐지하고 예방하는 효과를 가져올 수 있다. 하지만 이로 인하여 공무원들이 적극적으로 일하기보다는 무사안일이나 복지부동하는 병리적인 현상이 일어날 수 있다. 셋째는 투명성의 회복적 측면이다. 이 부분의 투명성은 위험을 완화시키거나 감소시키고, 위기에 대한 대응능력을 강화시킨다.

그리고 지엽적으로 특정분야에 대한 투명성도 존재하고, 공개되는 객체에 따라 투명성의 이름을 붙일 수 있다. 예를 들어, Deng et al.(2013)은 투명성을 정치적, 사회경제적, 그리고 재정적 투명성으로 나누어 보았다. Stasavage(2003)는 정부당국이 제출하는 각종 금융에 대한 정보가 경제에 어떠한 영향을 주었는지 살펴보았다. 이를 위해서 중앙은행이 앞으로 경제에 대한 예측보고서를 얼마나 발행하는지를 보았다. 그리고 이를 예측투명성(Forecast transparency)이라고 명명하였다.

이와 마찬가지로 환경에 대한 정보를 공개하는 경우라면 환경투명성이라고 부를 수 있고 교통에 대한 정보를 공개하는 것이라면 교통투명성이라고 부를 수 있는 것이다. 본서에서는 가장 활발하게 논의가 되는 투명성의 분야로 재정투명성과 채광산업투명성에 대해서 간략히 살펴보도록 하겠다.

(8) 재정투명성(Fiscal Transparency) · 예산투명성(Budget Transparency)

투명성에는 다양한 측면이 있지만 국정운영에 있어서 재정이 중요하기 때문에 재정투명성은 매우 중요하다(Chen & Neshkova, 2020). 시민들은 정부가 돈을 어디에 쓰는지 그리고 지출이 시민들에게 어떻게 돌아오는지 알고 싶어 한다(Abelson et al. 2004). 대개의 민주주의 국가에서는 국가의 재정작용을 국민의 대표기관인 의회가 감독하고 통제하는 재정의회주의를 취한다(장태주, 2006). 이 경우에 행정부는 필연적으로 재정정보를 공개할 수밖에 없다.

그리고 정부에서 돈을 어떻게 얼마큼 쓰는지를 시민들이 알 수 없다면 정부에서는 돈을 낭비할 가능성이 높다. 이러한 이유로 재정투명성은 정치인들이 재정을 균형화 시키는데 노력을 하게 한다(Benito & Bastida, 2009). 그 결과, 재정투명성은 재정이 균형을 이룰 수 있는데 도움이 될 수 있다(Gavazza & Lizzeri, 2009). 재정투명성과 같이 많이 거론되는 것이 예산투명성이다. 이 재정투명성은 예산투명성과 보통 혼용한다. 왜냐하면 예산투명성이라고 함은 모두 관련 재정정보를 제때 체계적으로 공개하는 것을 뜻하기 때문이다(Badun, 2009; OECD, 2002).

재정투명성은 "기관 운영에 따른 재정이 숨김없이 정직하게 생산되기 위해 재무규칙의 준수가 이루어지고, 재정 상황을 외부감사를 통해 검증받아 객관적인 재정정보로서의 가치를 가지면, 재정정보가 적시에 신뢰할만하게 전달되도록 재정공개를 준수하는 것"이라고 정의될 수 있다(민경연, 2017). 간단하게 정의하자면 예산정보가 얼마큼 알려져 있는 가로 귀결될 수 있다(Alt et al. 2002).

앞서 언급한대로 재정투명성에 있어서 가장 핵심적인 부분은 재정 정보의 공개다. 그런데 재정투명성에는 단순히 숫자로 가득한 예산정보뿐만 아니라 재정투명성을 확립하는 기관에 대한 여러 요소를 포함한 것으로 볼 수 있다. 예를 들어, 재정투명성의 기관적인 요소라고 하면 투명성을 증진하는 정책, 절차, 그리고 규율을 포함할 수 있다(Wang et al. 2014). 예산정보를 공개하는 것을 협의의 재정투명성이라고 한다면, 제도적으로 투명성을 확보할 수 있는 것을 광범위한 재정투명성으로 간주할 수 있다.

재정투명성은 부패를 낮출 수 있다는 효과 이외의 다른 긍정적인 영향이 있을 수 있다. 재정이 투명하다는 것은 그만큼 속일 가능성이 적다는 것을 의미하고, 이는 돈을 빌리는 비용(이자)을 낮추는데 일조한다(Bastida et al. 2017). 또한 재정투명성은 재정형평성은 물론이거니와 재정성과에도 긍정적으로 효과를 낼 수 있어 많은 정부에서 관심을 가지고 있다(Petrie, 2013). 그리고 Hameed(2011)는 예산투명성이 국가의 신용등급에 긍정적인 영향을 줄 수 있음을 밝혔다.

재정투명성은 상세하게 측정될 수 있다. Alt et al.(2002)은 재정투명성 지수(Fiscal Transparency Index)를 다양한 측면을 고려해서 고안하였다. 측정항목은 다음과 같다. ① 예산이 GAAP(a Generally Accepted Accounting Practice)형식으로 나오는가? ② 향후 몇 년 간의 지출전망이 가능한가? ③ 예산주기가 어떻게 되는가?[6] ④ 수입에 대한 추계가 정해져 있는가? ⑤ 재정수입에 대한 예측에 대해 행정부가 책임이 있는가?[7] ⑥ 여러 세출예산안이 있는가? ⑦ 초당파적인 전문가가 세출예산안을 작성하는가?[8] ⑧ 입법부가 세출예산을 수정할 수 있는가?[9] ⑨ 예산안에 대한 성과를 측정할 수 있는가?[10] 이렇게 아홉 가지 항목으로 재정투명성을 측정하였다.

재정투명성은 위와 같은 내용적인 면으로도 판단해볼 수도 있지만 구조적인 틀에서도 살펴볼 수 있다. 우리나라 일반회계는 종종 특별회계 및 기금의 수입기반이 되어주기도 한다. 이러한 구조가 자체적인 재원을 조성하기 어려운 회계를 지속적으로 유지시켜 회계의 구조를 복잡하게 만들고 궁극적으로 재정투명성을 낮추는 요인으로 작용하기도 한다(국회예산정책처, 2010). 이는 회계구조가 간단할수록 투명하다는 생각에서 기인한다. 이 외에 재정투명성이 결정되는 요인에는 인구, 경제성장 등 다양하게 있다(Sun & Andrews, 2020).

(9) 채광산업 투명성

투명성과 관련하여 크게 주목받고 있는 것이 채광산업 투명성 협

---

6) 분기별 예산주기가 연간 예산주기보다 투명성이 더 있다고 고려된다. 왜냐하면 자주 업데이트되는 것이 투명성이 있다고 보기 때문이다.

7) 입법부가 책임이 있을 때 더 투명성이 있다고 고려한다. 왜냐하면 제3자가 예측하는 것이 조작할 가능성을 줄이기 때문이다.

8) 초당파적인 인사가 예산안을 작성할수록 투명성이 높다. 왜냐하면 당파적이지 않을수록 예산안을 객관적으로 작성할 수 있기 때문이다.

9) 수정할 수 없을수록 투명하다. 왜냐하면 수정 불가능한 예산안 초기의 결과에 가깝기 때문이다.

10) 성과를 측정할 수 있어야 투명성이 높다. 왜냐하면 성과를 측정할 수 있어야 정확한 기준과 정보를 정치인 비롯한 관계자들에게 전달할 수 있기 때문이다.

약(Extractive Industry Transparency Initiative: EITI)이다. 채광산업은 천연자원과 깊이 관계가 있어서 천연자원 빈국에 속하는 우리나라에서는 대중적으로 크게 주목받지는 않는 편이다. 하지만 석유, 천연가스 매장량이 풍부한 아프리카 국가에서는 채광산업은 중요한 위치를 점하고 있다. 그런데 천연자원 부국인 나라들이 생각보다 잘 살지 못하고 오히려 가난에 허덕이는 "자원의 역설"이 나타는 것을 쉽게 확인할 수 있다. 자원의 역설이 발생하는 이유는 여러 가지가 있겠지만 불투명하게 자원이 거래되는 것도 한 요인이 된다. 천연자원의 채굴 및 거래를 투명하게 만들기 위해 나온 것이 채광사업 투명성 협약이다.

채광사업 투명성 협약은 자원부국의 거버넌스 증진과 부패 감소에 관심이 있는 여러 이해관계자들(정부, 여타 공기업, 기업, 시민사회단체, 국제기구 등)의 연합으로 정의될 수 있다(Mouan, 2010; Pitlik et al. 2010). 이 채광산업 투명성을 지지하는 사람들은 이 투명성이 책무성을 증진시키고, 부패를 줄이며, 천연자원을 더 잘 관리할 수 있고, 분쟁도 줄일 수 있다고 생각한다(Acosta, 2013; Haufler, 2010). 특히 국제통화기금(International Monetary Fund)과 세계은행(World Bank)이 이 분야에 관심을 가지고 있다.

(10) 민주적 투명성

Fung(2013)은 정부투명성이 민주사회에서 제대로 발현되기 위한 조건을 갖춘 투명성을 민주적 투명성이라고 불렀다. 이 민주적 투명성(Democratic transparency)은 4가지 요소를 갖추어야 한다. 첫째는 가용성(Availability)으로 시민이 정보를 사용하여 스스로의 이익을 지킬 수 있게 하는 것이다. 둘째는 비례성(Proportionality)으로 정보공개가 시민의 이익을 해칠 수 있을 정도를 감안하여 공개하는 것이다. 셋째는 접근성(Accessibility)으로 시민이 정보를 얻을 수 있다는 가정

아래 시민이 정보를 이해할 수 있는 정도를 말한다. 넷째는 행동성(Actionability)으로 얻은 정보를 이용하여 시민들이 스스로를 보호하고 정부기관에 영향을 줄 수 있게 할 수 있다. 이러한 조건을 갖춘 민주적 투명성을 통해서 운영되는 세상을 Fung(2013)은 인포토피아(Infotopia)라고 불렀다.

3. 투명성 측정방법

투명성을 측정하는 방법을 살펴보면 투명성이 무엇인지 더 잘 이해할 수 있다. 투명성을 측정하는 데에는 크게 주관적인 방법과 객관적인 방법이 있다.

(1) 주관적 투명성

가장 직관적이고 간단하게 투명성을 알아보는 방법은 시민들에게 정부가 얼마나 투명한지를 물어보는 것이다. 주의할 점은 얼마나 투명한지를 물어보는 질문이 조금씩 다르다는 것이다.

박윤환(2017)은 정부투명성과 정부신뢰 사이의 관계를 알아보기 위해서 아시아 바로미터 조사(Asia Barometer Survey)를 이용했다. 이 조사의 설문에서 투명성을 측정하는 투명성과 관련된 문항은 “얼마나 자주 정부는 공공의 눈을 피하여 중요한 정보를 숨기려 하는가?”이다. 이 문항은 시민들의 투명성에 대한 인식을 알아보는 것이다. 객관적으로 같은 정도의 투명성이 있더라도 시민들은 주관적인 경험에 따라 다른 답을 할 수 있다.

아시아 바로미터 조사처럼 단일문항으로 투명성에 대해 물어볼 수도 있겠지만, 투명성은 단일문항으로 물어보기에는 어려운 다차원적인 개념이다. 그러므로 여러 문항을 이용해야 더 포괄적으로 투명성을 측정할 수 있다. 박홍식 · 나현(2010)은 투명성을 접근성, 이해성, 적시성, 적실성, 정보의 질, 그리고 신뢰성이라는 하부구성요소가 있다고 보았다. 그리고 설문문항을 만들기 위해서 각 하위요소를 구체적으로 조작적 정의를 하였다. 우선 접근성은 "민원인이 필요한 정보를 얻는데 비용이 거의 들지 않음", "관련 정보가 어디서든 쉽게 얻을 수 있게 제공됨", "필요할 때 즉시 정보를 얻을 수 있음"으로 파악될 수 있다고 보았다. 이해성은 "민원정보의 내용은 이해가 쉬움", "설명이 명료함", "관련 서류는 알기 쉽게 기술되어 있음"으로 보았다. 적시성은 "민원처리 상황은 필요할 때 곧 확인할 수 있음", "변경 사항이 생기면 그때그때 알려줌"으로 파악하였다. 적실성은 "민원정보는 꼭 알아야 할 것들임", "제공정보는 민원처리에 실수를 막기 위해 필요한 것들임"으로 측정하였다. 정보의 질은 "민원정보(절차, 기준, 결과 등)는 충분한 내용들임", "민원행정 정보의 내용에는 오류가 거의 없음"으로 보았다. 신뢰성은 "민원정보 내용은 전반적으로 믿을만함", "정보 내용은 틀림이 없는 것들임", "민원안내는 신뢰할 만한 함"으로 보았다. 이와 같이 다양한 투명성의 구성요소를 통하여 설문조사문항을 만들었다. 이를 기반으로 하여 구청을 이용하는 민원인들에게 설문조사를 실시하여 투명성이 높을수록 행정만족도 높다는 결과를 얻었다.

박정호(2014)도 서울시의 정보제공을 설문조사를 통해서 파악하였다. 하지만 박홍식 · 나현(2010)과는 다른 항목을 이용하였다. "서울시가 하는 일에 대한 충분한 정보 제공", "서울시의 예산과 재정에 관한 충분한 정보제공", "서울시청 홈페이지의 정보제공 수준", "서울시 TV방송 채널 프로그램이 서울시 시정을 다루는 정도", "신문에서 서울시 시정을 다루는 정도"의 항목으로 정보제공을 측정하였다. 이 설문조사의 특징은 정부가 직접적으로 제공하는 정보뿐만 아니라, 언론에서 정부가 하는 일에 대한 정보도 포함시켰다는 점이다. 실제로 시민들은 시정에 대한 정보를 시의 홈페이지에서 알아서 인식하기보다는, 언론을 통해서 아는 경우가 많아서 언론이 정부에 대한 기사를 다루는 것을 파악하는 것은 중요하다.

근래에는 시민들이 웹사이트에 가서 정부가 공개하는 정보를 보기도 하지만 정부가 운영하는 소셜미디어를 통해서 정보를 얻기도 한다. Kim, Park, & Kim(2015)는 정부투명성을 정부가 시민들에게 시민들이 원하는 정보를 제공하느냐로 파악하였다. 그 후 소셜미디어를 통한 정부투명성을 정보의 다양성, 정보접근의 용이함, 다른 미디어와의 연결성, 정보의 적합성, 정보의 정확성, 시의적절성 등으로 파악하였다.

Wu et al.(2017)은 투명성을 시민의 투명성에 대한 만족도로 파악하였다. 시민의 투명성에 대한 만족도는 2가지 부분으로 측정되었다. 첫째는 정부가 공개하는 정보에 만족하느냐이고, 둘째는 시민이 정부에 정보를 청구했을 때 정부의 대응성이다.

Park & Blenkinsopp(2011)는 시의 공공사업 프로젝트에 관련된 투명성에 대해서 설문조사를 통해서 측정하였다. 투명성을 측정하는 5개의 문항으로 되어 있다: ① 시의 공공사업 프로젝트의 투명하게 실행된다.; ② 시의 공공사업 프로젝트의 모든 과정은 투명하게 공개된다.; ③ 주민들은 공공사업 프로젝트의 진행 상황을 분명히 알 수 있다.; ④ 공공사업 프로젝트는 투명하게 완료되었다.; ⑤ 시는 공공사업 프로젝트에 대해서 주민들에게 충분한 정보를 공개한다.

Song & Lee(2015)는 PEW 설문조사를 통해서 인지된 투명성을 2가지 항목으로 파악했다. 첫째는 정부기관과 공무원에 더 잘 접근할 수 있고 둘째는 정부가 하는 일에 대해서 사람들이 더 잘 파악할 수 있다. 첫 번째가 참여적인 부분을 측정했다면 두 번째가 정보내용

쪽을 측정했다고 볼 수 있다.

앞의 설문조사와는 달리 대상을 바꾸어 공무원들에게 정부투명성을 물어볼 수도 있다. Welch(2012)는 참여와 투명성 관계를 살펴보고자 지방공무원들에게 설문조사를 했다. 질문 문항은 다음과 같다. "작년에 당신의 조직이 다음의 방법을 통해 얼마나 자주 대중들에게 정보를 알렸습니까?" 그리고 다음과 같은 항목을 예로 제시했다. 웹(온라인 뉴스레터 포함), 일반 뉴스레터, 케이블 TV, 일반 포스터, 소셜 네트워킹 서비스(트위터, 페이스북, 링크드인), 문자, 오디오 웹케스트, 비디오 웹케스트, 이메일, 게시판을 문항으로 주었다. 문항은 5점 척도로 "전혀 하지 않았다"부터 "매우 자주했다"까지 체크하게 하였다. 그리고 "매우 자주했다"로 응답하는 것을 투명성이 높은 것으로 파악했다.

윤상오(2015)는 정부투명성을 측정하기 위해서 국민권익위원회에서 조사하는 '공공기관 청렴도'와 Transparency International에서 측정하는 부패인식지수를 이용하였다. 하지만 청렴도나 부패는 정부투명성과 관계가 있는 변수이기는 하나 정부투명성은 아니다. 현실에서 투명성과 반부패를 혼동하여 쓰는 이유는 투명하면 투명할수록 부패가 줄어들 것이라는 강력한 관념이 있기 때문이다. 김창재 · 치재현(2013)은 수당 횡령, 회계서류 조작 같은 비리를 막기 위해 상시 모니터링 시스템이 중요하고 주장하였는데, 이 주장의 기저에도 투명성이 곧 비리를 감소시킬 수 있다는 가정이 깔려있다.

투명성을 부패의 정도로 측정하지 않더라도 부패를 시민의 투명성을 파악하는 요소로 간주하는 경우도 있다. Kim & Lee(2012)는 서울시에 대한 시민의 투명성 평가를 다양한 구성요소로 평가했는데 그 중 하나가 부패정도이다. 그 외에 투명성을 측정하기 위하여, 서비스가 투명하게 제공되었는지, 대중과의 쌍방향 소통이 잘 되었는지, 조례제정에 있어서 시민참여가 더 많이, 더 공평하게 제공되었는지가 고려되었다. 이들 생각하는 투명성은 협의의 투명성뿐만 아니라 시민참여, 부패를 아우르는 개념이라고 볼 수 있다.

이상수(2005)는 행정부패지수를 만들기 위해 여러 가지 하부요인을 고려하였다. 그 하부요인 중 하나가 투명성이었다. 이 역시 투명한 행정이 행정부패를 줄인다는 생각에서 기인한다. 구체적으로 행정부패지수의 하부요인으로 투명성을 고려하였고 그 투명성은 3가지로 측정하였다. 그 하부요인은 정보공개범위의 적정성, 업무처리과정의 공개성, 업무처리과정의 명확성이다. 이 기준들을 가지고 시민과 공무원 두 집단에게 설문조사를 하여 점수를 냈다. 이 중 주의 깊게 보아야 할 부분은 정보공개범위의 적정성이다. 단순히 정보공개범위가 많은 것이 무조건 바람직하다는 가정을 하지 않고 적정하다는 표현으로 물어본 것이다. 이것은 정보공개가 과도할 경우에 오히려 부작용이 있을 수 있다는 생각을 기반으로 한 문항이라고 볼 수 있다.

문병기・복홍석(2009)은 재정분권화와 지방정부투명성관계를 살펴보기 위해서 한국지방행정연구원의 지방재정편람에 포함된 재정투명성을 이용하였다. 이 재정투명성 부분은 재정정보공시의 적정성과 예산편성운영의 투명성으로 나누어 볼 수 있다.

우선 재정정보공시의 적정성은 자치단체가 재정운영의 투명성을 확보하기 위해 재정공시를 적정하게 하고 있는지를 판단하는 지표로 지표가 높으면 높을수록 투명성이 있다고 파악할 수 있다. 이 지표는 하위 세부지표로 나누어진다. 공통공시 내용의 적절성, 특수공시 내용의 적절성, 재정공시의 주민친화성 및 다양성, 재정공시의 사전예고제 실시여부, 재정공시심의위원회 운영 여부, 재정공시심의위원회 운영조례 재정여부, 재정공시항목 외 추가적인 재정자료의 공개 여부로 구성되었다. 이 항목을 A부터 E까지 점수를 매기는 것이다.

예산편성운영의 투명성은 자치단체가 예산편성과정에서 재정운영의 투명성을 확보하기 위해 주민 의견을 적정하게 수렴, 관리, 대응하고 있는지를 판단하는 지표이다. 그리고 이 지표는 예산편성관련 주민의견수렴 방법의 적정성, 주민의견 수렴 관리 여부 그리고 주민참여예산제도 관련 조례제정 여부를 세부항목으로 하고 있다. 이 항목들은 시민참여에 가까운 개념이다. 그럼에도 불구하고 투명성이라고 이름을 붙인 이유는 시민참여로 통해서 투명성이 확보될 수 있다는 가정이 근간에 내포되어 있다.

투명성의 한 종류로 재정투명성(Fiscal transparency)이 있다. 민경연(2017)은 재정투명성을 우선 재무공개준수, 회계감사준수 그리고 재무규칙준수로 나누어 보았다. 그리고 재무공개준수는 '홈페이지나 게시판에 재정보고와 관련된 정보를 소개하고 있다'와 '후원이나 자원봉사활동 내역을 소식지, 홈페이지 등에 보고하고 있다'로 파악하였다. 그리고 회계감사준수는 '감사인의 의견사항을 차기 회계연도에 반영한다'와 '지난해에 회계사로부터 회계감사를 적정하게 받았다'로 보았다. 재무규칙준수는 '우리 기관의 재정은 사회복지사업법 재무회계규칙을 따라 엄격하게 정리되고 있다', '후원자에게 기부금 사용내용을 보고하고 있다', '재정담당 및 임직원은 비영리 사회복지 재무회계규칙의 회계기준을 숙지하고 있다'로 측정되었다. 이 측정도구를 살펴보면 단순히 정보를 대중에게 공개하는 것뿐만 아니라 외부감사자에게도 공개한다는 것을 포함하고 있다. 그리고 특이한 점은 법을 지키고 있는 것도 투명성의 일부로 파악하고 있다는 것이다.

Bauhr & Grimes(2012)는 투명성이 3가지의 핵심요소를 포함한다고 보았다. 첫째는 정부 공개성(Government openness), 둘째는 내부고발자 보호, 셋째는 부적절 행위 탐지 가능성(Publicity)이다. 공개성은 협의의 투명성으로 정부가 대중에 공개하는 정보를 말한다. 내부고발은 정부의 투명성을 높일 수 있는 중요한 방법 중 하나로 내부고발자가 제대로 보호되어야 정부투명성도 확립될 수 있다. 마지막 부적절 행위 탐지 가능성은 대중이나 이해관계자들이 말 그대로 정부 내의 부적절함을 탐지할 수 있는 정도로 정의된다. 그리고 이를 측정하기 위해서는 “공공영역에 있어서 권한남용이 언론에 의해서 포착되는가?”의 문항이 이용되었다. 부정행위 포착이 잘 될수록 투명성이 높다고 볼 수 있다.

정부투명성에 대해서 시민들이나 공무원들뿐만 아니라, 기업을 운영하는 사람들에게 물어볼 수도 있다. 기업하는 사람에게 정부투명성의 의미는 대개 기업을 경영하는 입장에서 국가의 정책을 제대로 파악할 수 있는 지에 달려있다. Relly & Sabharwal(2009)은 정부정책에 대한 투명성을 측정하면서 “당신의 국가에서는 회사들이 정부로부터 당신의 속한 산업에 영향을 미칠 수 있는 정책이나 규제 변화에 대해서 고지받습니까?”라는 문항으로 투명성을 측정하였다. 물론 Relly & Sabharwal도 인정하듯이 정부 정책에 대한 투명성은 투명성의 일부분일 뿐이다. 하지만 정부정책이 기업들에게 투명하게 알려지는 것은 기업 운영에 필수적인 요소이다. 물론 기업인들도 사회의 중요한 주체이기는 하지만 법인인 기업이 사람처럼 정부투명성에 대해서 응답할 수 없다. 그러므로 기업인을 대상으로 조사하는 것은 기업이 정부에 대한 활동을 알 수 있는 도구가 된다.

투명성에 대한 정책이 잘 실행되고 있는지를 측정하는 방법도 있다. 멕시코에서는 투명성을 증진시키려는 정책으로 Otros Sujetos Obligados por la Ley Federal de Acceso a la Informacion Publica Gubernamental을 실행했다. 이 정책을 4가지 측면에서 측정했다. 첫째, 웹페이지가 잘 구성되어 있는지, 둘째, 투명성 정책의 규칙이 잘 정비되어 있는지, 셋째, 실제로 시민들이 잘 사용하고 있는지, 넷째, 기관에서 정보공개청구를 잘 처리하고 있는지를 점검하였다(Arellano-

Gault & Lepore, 2011). 그런데 이 역시 설문조사를 통해서 구성을 하기 때문에 주관적(subjective) 투명성이다. 반면에 그 누구나 측정하더라도 같은 결과가 나오는 객관적인 투명성도 있다.

(2) 객관적 투명성

박나라 · 이종수(2010)는 지방정부의 투명성을 정보공개 처리현황과 정보공개 처리기간, 그리고 정보공개 자치입법 제정기간을 통해서 측정하였다. 첫째, 정보공개 처리현황은 청구된 정보공개 민원 중 청구자에 의한 청구 취하와 피청구기관에 의한 결정 또는 결정통지 계류를 제외한 건 중에 전부 또는 일부를 공개한 건의 비율을 의미한다. 즉, 전부공개와 부분공개 된 건수의 합을 청구된 정보공개 민원 가운데 결정통지를 거쳐 실질적으로 처리된 건수로 나눈 것이다. 둘째, 정보공개 처리기간은 처리된 정보공개 민원 중 법정기한인 10일 이내에 결정을 통지한 건의 비율로 산정하였다. 정보공개 할 때 필요한 자료를 적시에 신속하게 공개하는 것은 정확한 정보를 공개하는 것 못지않게 중요하다. 셋째, 정보공개 자치입법 제정기간은 현재를 기준으로 조례, 규칙, 훈령(지침) 중 가장 오래 전에 제정된 것의 제정연도를 조사하고, 현재연도에서 제정연도를 빼서 계산하였다.

정보공개입법과 관련해서는 Grigobescu(2003)도 비슷하게 측정을 했다. 실증분석을 용이하게 하기 위하여 정보공개법이 있으면 투명성이 있다고 보았고, 정보공개법이 없다면 투명성이 없다고 단순하게 파악하는 것이 객관적으로 투명성을 측정하는 방법이었다.

강은숙 · 장지호(2004)는 인사운영의 투명성을 측정하기 위해서 인사위원회 기록이 인트라넷 게재가 의무화되어 있는지, 공개요청이 있을 때 회의록을 공개하는지 여부를 파악하였다. 공개 의무화 여부라든지, 요청이 있을 때 공개하는지 여부는 누가 보아도 똑같이 파악할 수 있는 부분이다. 그러므로 객관적으로 투명성을 확인하는 방법으로 볼 수 있다.

Glennerster & Shin(2008)은 재정투명성이 경제에 어떠한 영향을 주는지 연구하였다. 이를 위해 사용된 투명성에 대한 조사는 편의(bias)가 생길 것을 우려하여 객관적으로 투명성을 측정할 수 있도록 재정정보의 정확성(Accuracy)과 주기성(Frequency)을 사용하였다.

Armstrong(2011)은 온라인으로 정부의 정보를 알 수 있는 것을 투명성이라고 보았다. 그리고 그는 지방정부의 투명성을 측정하기 위하여 온라인에 다음과 같은 정보가 있는지 없는지를 확인해보았다. 회의의제, 회의기록, 선출직 공무원의 연락처, 다음 회의 계획, 정부기관 연락처, 정부 내규, 예산정보, 고용기회정보, 지방정부조례, 그리고 지역주민에 관한 통계를 파악하였다.

지금까지 논의한 투명성의 측정방식을 정리하면 [그림 1-2]처럼 파악할 수 있다.

그림 1-2 투명성 측정방식

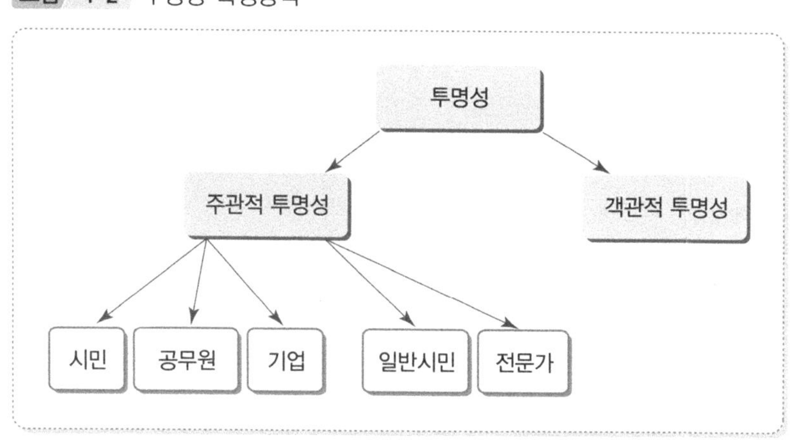

투명성은 검토하는 사람의 인식에 따라 주관적 투명성과 객관적 투명성으로 나뉠 수 있다. 객관적 투명성의 경우에는 어느 누구나 관찰하더라도 동일한 결과가 나와야 한다. 반면에 주관적 투명성의 경우에는 같은 현상도 측정하는 주체에 따라서 충분히 달라질 수 있다. 주관적으로 투명성을 인지하는 주체를 크게 시민, 공무원, 그리고 기업에서 일하는 사람으로 나누어 볼 수 있다. 또한 인지하는 주체를 소속이 아니라 투명성에 대한 지식으로 나눌 수 있다. 일반시민과 투명성에 대한 제반 지식을 가지고 있는 전문가로 나누어서 물어볼 수 있다. 주관적 투명성이므로 실재로는 같은 정도의 투명성이 존재하더라도 일반시민 사이에서도, 전문가 안에서도 다른 정도의 투명성으로 인식할 수 있다.

4. 전자정부와 열린정부

(1) 전자정부

투명성과 밀접히 관련이 있는 개념들이 있다. 우선 전자정부가 투명성과 깊은 관계가 있다(Abu-Shanab et al., 2013). 전자정부란 발달한 정보통신기술을 기반으로 정부가 정보공개와 공공서비스 제공 그리고 시민의 국정에 참여하는 것이 온라인으로 이루지는 것을 말한다(박상인 · 최연태, 2013). 전자정부는 투명성이 가질 수 있는 행정서비스 효율성 및 효과성 증진, 국민의 알권리 보장, 공무원의 개입을 줄여 부패를 줄일 수 있는 중요한 전략으로 여겨졌다(김태은 · 안문석 · 최용환, 2008; 장용석 · 송은영, 2008; Yang & Rho, 2007). 전자정부는 기술이 발전함에 따라 진화하는 개념으로(Brown, 2005) 실제로 전자정부는 다양한 방식으로 구현된다. 온라인을 통해서 정부에 대한 정보를 알아보는 것은 물론이고 조달업무를 공개적으로 볼 수 있는 것부터 세금을 온라인으로 내는 것까지 다양하다(Silcock, 2001; Smith, 2010).

전자정부는 미국 클린턴 정부시절(1993-2001)에 본격적으로 부각된 개념이다(김광웅 · 강성남, 2001). 클린턴 대통령 집권 시기는 인터넷이 본격적으로 이용되기 시작되었을 때와 맞닿아 있다. 클린턴 대통령은 정부개혁의 일환 중 하나로 전자정부를 핵심과제로 내세웠는데 이것이 가능했던 것은 당시 과학기술이 뒷받침되었기 때문이다. 전자정부를 통해서 국가안전보장이나 사생활을 침해하지 않는 범위에서, 행정기관이 보유한 많은 정보를 전자정부를 통해서 인터넷에 공개함에 따라 정부투명성이 급격하게 올라가는 계기가 되었다(김광웅 · 강성남, 2001).

우리나라에서도 1996년 「정보화촉진기본계획」이 확정되고, 2001년부터 2003년까지 전자정부특별위원회가 운영되면서 전자정부 기초가 마련되었다. 우리나라 전자정부법에 따르면 “전자정부”란 정보기술을 활용하여 행정기관 및 공공기관(이하 “행정기관등”이라 한다)의 업무를 전자화하여 행정기관 상호 간의 행정업무 및 국민에 대한 행정업무를 효율적으로 수행하는 정부를 말한다. 그리고 전자정부는 시대에 따라 스마트 정부, 유비쿼터스 정부, 빅데이터 정부 등으로 불리며 진화를 거듭했다(윤상오, 2015). 그리고 전자정부의 일환으로 정부 3.0을 통해서 시민들에게 맞춤형 정보를 제공하려는 노력을 하였다(김윤권, 2014; 이혁우, 2016).

물론 전자정부가 곧 투명성을 말하는 것은 아니지만(Wong & Welch, 2004), 전자정부에는 투명성의 요소가 있다. 예를 들면, Armstrong (2011)은 전자정부의 한 부분이 정부정보의 가용성이라고 말하고 이것을 투명성으로 보았다. 전자정부가 실제적으로는 시민이 정부의 웹사이트에 접속하여 정부정책이 어떻게 실행되고 있는지 파악하면서 구현된다(Shim & Eom, 2009).

더욱 자세하게 김선경 · 전민지(2017)는 투명성을 과정적, 결과적 투명성으로 나누어 전자정부와 결부시켰다. 그리고 과정적 투명성의 요소로 접근성, 적시성, 관련성으로 결과적 투명성의 요소는 이해성과 정확성으로 파악했다. 개념에 대한 구체적인 조작적 정의를 보자면 우선 접근성은 사용자가 전자정부를 통해 정보를 획득하고 공유하는 것이 용이하다고 믿는 정도로 정의하였다. 적시성은 사용자가 전자정부를 통해 정보를 실시간으로 획득하고 확인할 수 있다고 느끼는 정도로 정의하였다. 관련성은 사용자가 전자정부를 통해 획득한 정보가 사용자의 관심과 문제해결에 도움이 되고 있다고 믿는 정도로 정의하였다. 즉, 실질적인 투명성이 있는지도 파악한 것이다. 이해성은 사용자가 전자정부를 통해 획득한 정보를 해석하는 것이 쉽다고 느끼는 정도로 정의하였다. 정확성은 사용자가 전자정부를 통해 획득한 정보가 정확하고 오류가 없다고 믿는 정도로 정의하였다. 이 모든 부분은 전자정부의 정보제공 측면을 폭넓게 다루었고 이는 투명성과 깊은 연관이 있다.

전자정부의 영역을 내부와 외부로 나누어 볼 수 있다(윤상오, 2015). 전자정부의 내부적인 요소로는 업무처리의 디지털화를 통해서 업무처리의 신속성과 정확성을 높일 수 있다. 전자정부의 내부적 요소로는 인트라넷 구축, 전자결재확립, 행정정보 공동이용, 통합문서관리 등이 있다. 이러한 부분들은 조직 내에서 이루어지는 것이므로 정부효율성과 관계가 있지 정부투명성과는 직접 관계가 없다. 다만 기관내에 투명성은 높일 수 있다. 예를 들어, 중앙행정기관의 표준화된 업무관리시스템을 도입하여 의사결정과정을 기록했는데 이 부분이 조직 내 투명성을 진작시켰다고 볼 수 있다(문승민 · 최선미, 2018).

전자정부의 외부영역은 시민과 정부의 관계에 있어서 행정처리를 온라인화하고 정부의 자료를 온라인을 통해서 열람할 수 있게 하는 것이다. 전자정부의 외부영역이 흔히 말하는 정부투명성과 밀접하게 관련이 있다. 윤상오(2015)는 전자정부를 확인하기 위해서 정보통신 인프라, 온라인서비스 준비도, 온라인서비스 이용률, 정부포털 이용도, 온라인 시민참여, 행정정보공개 그리고 공공데이터개방을 사용하였다. 이런 요소들이 전자정부의 정부투명성의 요소로 볼 수 있다.

김성태(2000)는 전자정부를 구현하는 3요소로 정보정책적 요소, 정보수요적 요소, 정보공급적 요소를 꼽은 바 있다. 이 중에서 투명성과 가장 관계가 깊은 것은 정보수요적 요소로 원스탑 서비스를 구축하고, 정부 홈페이지를 시민들이 쉽게 이용할 수 있게 정비하는 것이 포함된다. 다른 요소는 정부투명성과는 간접적으로 연결되어 있다.

전자정부가 각광을 받는 것은 투명성처럼 전자정부가 부패와 같은 사회적 병리를 치유할 수 있기 때문이다(UN, 2016). 그런데 최슬기·정광호(2014)는 전자정부가 투명성을 늘린다는 단순한 명제보다는 전자정부와 투명성은 분리된 개념으로 보아야 한다고 보았다. 전자정부 도입과 정부투명성 정도의 상호작용에 의해서 부패감소효과를 가져온다고 보았다. 이러한 전자정부와 투명성에 대한 상황론적인 효과는 문승민·최선미(2018)의 연구에서도 나타난다. 전자정부가 바로 정부신뢰에 영향을 미치기 보다는, 전자정부가 제공하는 정보의 질이나 시스템의 질이 좋아야 정부신뢰가 올라갔다.

황주성(2015)은 전자정부가 공공데이터 개방을 촉진시켰다는 연구결과를 보였다. 즉, 전자정부로 인하여 투명성이 올라갔다고 보는 것이다. 그런데 이 연구의 흥미로운 점은 시민들의 정치참여가 높아질 때 전자정부의 존재가 공공데이터를 더 개방했다는 것이다. 정부홈페이지에 접속해보면 특별한 정보가 없는 경우가 간혹 있다. 예를 들어, 구태여 정부 홈페이지에 가지 않아도 알 수 있는 정보만으로 가득한 경우가 있다. 부실한 정부 홈페이지를 시민들이 방치할 경우에는 전자정부가 명목적으로 존재한다고 하더라도 공공데이터가 더 개방되는 것은 아니다. 이러한 경우에는 전자정부가 있더라도 투명성은 올라가지 않는다. 시민들이 적극적인 요구가 있을 때 전자정부를 통해서 공개되는 정보양이 많아지는 것이다.

전자정부와 비슷한 개념으로 유비쿼터스(Ubiquitous) 정부가 있다. 유비쿼터스 정부는 전자정부를 전제로 한 개념으로 전자정부의 발전 단계 중 하나라고 볼 수 있다(정극원 · 정성범, 2006). 이 유비쿼터스 정부와 관련해서는 전자정부의 단계를 파악하여 살펴보면 더 이해를 쉽게 할 수 있다.

Layne & Lee(2001)는 통합도와 기술의 복잡도에 따라서 전자정부를 4단계로 나누었다. 첫 번째 단계는 카탈로그(Catalogue)형으로 마치 카탈로그에 정보를 싣는 것처럼 정부가 홈페이지에 정보를 올리는 것이다. 마치 한번 인쇄된 카탈로그에 쌍방향으로 정보를 개정할 수 없듯이 시민이 양방향으로 교류할 수 없다. 두 번째 단계는 교류(Transaction)형으로 정부가 정보만 제공할 뿐만 아니라 온라인을 통해서 시민들이 정부서비스를 이용하게 할 수 있게 한다. 예를 들어, 정부 홈페이지에서 시민들이 정부서비스를 요청하고 받을 수 있다. 세 번째 단계는 수직적 통합(Vertical integration)으로 정부 내에서 같은 기능을 하는 정부 간의 업무가 전자적으로 통합되는 것이다. 예를 들어, 사회복지를 담당하는 중앙부처와 사회복지를 담당하는 지방정부의 데이터가 유기적으로 연동되어 사용할 수 있다면 수직적인 통합이 되었다고 볼 수 있다. 네 번째 단계는 수평적 통합(Horizontal integration)으로 기능을 달리하는 정부부처 간에도 업무가 전자적으로 통합되어 있는 것이다. 이 경우에 시민들은 한 번에 원하는 행정 업무를 처리할 수 있다. 이 단계가 되면 유비쿼터스 정부의 구현의 기본 조건을 충족할 수 있다.

(2) 열린정부(Open government)

투명성과 관련하여 전자정부와 함께 빠지지 않고 나오는 개념이 열린정부다. 열린정부를 이해하기 위해서는 우선 개방성(Openness)을 이해해야 한다. 개방성과 투명성이라는 개념은 매우 밀접한 관계가 있어서 종종 혼용된다. 그러나 이론적으로 이 두 개념은 구분될 수 있다. Heald(2006)에 따르면 개방성은 조직의 특성(Characteristics of the organization)에 대한 것이고, 투명성은 정보를 처리할 외적인 수용기능이 필요한 것이라고 보았다. 해석하자면 개방성은 조직 구조가 기관특성이 어느 정도 정보공개를 용인하는가를 말하는 것이다. 반면에 투명성은 시민들이 사용할 수 있게 정보가 처리되어서 나오는 정도라고 보면 된다. 예를 들어, 군대의 경우에는 조직의 특성상 개방성 자체가 크지 않지만, 기상청 같은 경우에는 정보공개의 폭이 크다. 그러므로 개방성의 측면에서 본다면 기상청의 개방성이 국방부의 개방성보다 크다. 그런데 가령 기상청이 정보를 제대로 시민들에게 제공하지 않을 수도 있다. 반대로 국방부는 소수의 기밀사항을 제외하고 많은 정보를 시민들에게 보여준다고 가정해보자. 이럴 경우가 만약 있다면 국방부의 투명성이 기상청의 투명성보다 크다고 볼 수 있는 것이다.

개방성은 위에서 언급한 Heald가 정의한 것과는 다르게 파악되기도 한다. Bauhr & Grimes(2012)는 개방성을 정부가 공개한 정보라고 단순하게 정의했다. 그리고 그들은 공개성을 투명성의 한 부분이라고 파악했다. Grigobescu(2003)은 Heald(2006)나 Bauhr & Grimes

(2012)와는 다르게 개방성을 보았다. 우선 그는 대중과 언론에 들어가는 정보를 구분해서 보았다. 그에 따르면 투명성은 대중에게 정보를 알리는 공식적인 기관의 책무라 보았다. 반면에 정부로부터 얻은 정보를 말할 수 있는 언론의 자유를 개방성이라고 보았다. 그래서 개방성을 측정하기 위해서 언론의 자유도를 사용하였다.

Christensen & Cornellisen(2015)도 개방성과 투명성을 달리 파악했다. 그들은 개방성이 투명성의 선행조건이라고 보았다. 개방성이라는 통로가 있어야 정보가 제대로 공개된다는 점을 강조하였다. 정보공개 통로가 잘 갖추어있지 않으면 조직 내의 정보가 밖으로 잘 나가지 않는다는 점을 피력하였다. 투명성이 외적인 통로가 필요하다는 점에서 Heald의 의견과 부분적으로 일치한다. 이와 같은 선행연구를 살펴보면 투명성과 개방성에 대한 구분은 모호할 뿐만 아니라 투명성과 개방성의 관계도 다양하게 파악될 수 있음을 알 수 있다.

열린정부(Open government)는 시민을 위한, 시민에 의한, 시민의 정부를 시민이 직접 확인 할 수 있다는 점에서 민주주의 정부의 존재의 이유와 밀접히 관련되어 있다(김윤권, 2014). 그런데 열린정부는 위에서 언급한 개방성처럼 일률적으로 파악되지 않는다. 기본적으로 열린정부는 시민들이 정부의 문서와 기록을 열람할 수 있는 권리에서 비롯된다(Lathrop & Ruma, 2010). 그리고 Piotrowski(2007)는 정부 투명성이 공개회의, 내부고발자보호, 정보공개 등을 통해서 열린정부와 같아진다고 보고 있다. 즉, 투명성이 여러 정보공개 통로를 통해서 열린정부로 구현된다는 것이다. 반면에 Meijer et al.(2012)는 투명성을 열린정부의 중요한 요소라고 보았다. 이들에 따르면 투명성은 열린정부의 비전(Vision) 역할을 한다고 보았다. 그리고 이 비전은 의사결정에 영향을 끼칠 수 있는 참여와 합쳐져서 열린정부가 된다고 보았다. 이를 보면 Piotrowski는 투명성과 열린정부의 차이를 정보공개 통로 여부의 차이만 둔 동등한 위치로 본 반면 Meijer et el.(2012)은 투명성을 열린정부의 하위개념으로 보았다.

전자정부와 열린정부의 공통점은 많지만 적어도 이론적으로는 구분할 수 있다. 임준형(2005)에 따르면 전자정부의 경우에는 시민참여가 전자정부의 결과인 종속변수로 고려된다. 즉, 전자정부의 도입으로 인하여 시민참여가 늘어나거나 줄어들거나 하는 결과가 나온다고 보는 것이다. 반면에 열린정부의 경우에는 Meijer et al.(2012)에 따르면 열린정부 개념에 시민참여가 포함된 것으로 볼 수 있다. 그리고 열린정부에서는 시민들이 여러 방면으로 정보를 요구할 수 있고 때에 따라서 국정운영에 부분적으로 참여해서 정보를 얻기도 한다. 반면에 전자정부는 도구적인 의미가 강해서 온라인상에서도 정부서비스를 시민이 받을 수 있게 한 것이다. Piotrowski(2007)의 관점에 따르면 투명성이 전자정부라는 도구적 통로를 통해서 열린정부로 구현될 수 있는 것이다.

열린정부가 이론적으로는 전자정부와 분리될 수 있지만 현실에서는 전자정부를 통해서 시민들이 참여를 할 수 있어서 전자정부와 열린정부를 구분하기는 매우 어렵다. 예를 들어, 문재인 정부에서는 청와대 온라인 국민청원을 운영했다. 어떤 사람이 인터넷을 통해서 국민청원을 하고 이 내용에 동의하는 시민이 20만명이 넘을 경우에 청와대는 청원내용에 응답해야 했다. 이러한 국민청원은 열린정부의 요소를 가지고 있는 동시에 온라인에서 이루어졌다. 그러므로 이 경우에는 전자정부를 통해서 열린정부를 구현했다고 볼 수 있다. 청와대 국민청원 뿐만 아니라 국민적 정부참여가 이루어지는 많은 통로들이 전자화되어 있다. 이런 이유로 열린정부는 실제적으로 전자정부의 모습을 하는 경우가 많다.

위에서 언급한 모든 것을 종합해서 열린정부 문화(Open government culture)를 조성할 수 있다. OECD(2018)에 따르면 열린정부 문화란 투명성, 청렴성, 책무성, 이해관계자의 참여의 원리를 기관 운영에 접목시키는 것이다. 이러한 면을 보면 열린 정부는 다양한 거버넌스의 요소를 모두 아우르는 개념으로 파악해 볼 수 있다.

5. 기밀성(Secrecy)

투명성을 파악하기 위해서 투명성에 대해서 연구할 수도 있지만 그것의 대척점에 있는 기밀성에 대해서 살펴보는 것도 투명성을 이해하는데 도움이 된다. 기밀성은 오랫동안 부패의 원인으로 지탄의 대상이었다(Warren, 1974). 그런데 민주주의 국가에서 투명성이 권장되지만, 몇몇 분야에 있어서는 아직도 기밀성은 필수적인 요소이다. 다양한 이유(공무원이 자신의 잘못을 감추는 것부터 위기상황의 안정까지)로 정부는 기밀성을 취하고는 한다(de Jong & de Vries, 2007). 또한 기밀성은 어느 정도 자율성을 보장하기도 한다(Meijer, 2013). 이 자율성을 부패의 온상으로 볼 수도 있지만 더 나은 행정서비스를 위한 활동으로 볼 수도 있다. 그래서 Thompson(1999)은 기밀성이 딜레마를 일으킨다고 보았다. 민주주의 사회에서 시민은 정부 정보 공개를 요구하지만, 어떠한 정책은 기밀성을 요구한다. 이러한 이유로 심한 경우에 정책을 집행하는 관료입장에서는 정책을 제대로 수행하기를 포기하거나 절차적 책무성을 져버리는 것 중 하나를 선택하게 된다(Thompson, 1999). 또한 어떠한 정보를 기밀로 할 것인지 정하는 과정이 기밀이 아닌 경우에는 정보공개가 어느 정도 용납되기도 하는데 그 정도를 정하는 것도 어려울 때가 있다.

기밀성이란 투명성의 반대개념으로 정보를 일부러 숨기는 것이고 투명성은 일부러 공개하는 것이다(Florini, 1998).[11] Aftergood(2008)은 기밀성을 세 가지로 분류했다. 첫째는 국가안보상의 기밀사항(National security secrecy), 둘째는 관료적 기밀성(Bureaucratic secrecy), 셋째는 정치적 기밀사항(Political secrecy)이다.

우선 국가안보상의 기밀사항은 투명성이 적용되지 않는 가장 대표적인 분야이다. 투명성이라는 이름으로 군사에 관련된 기밀이 밝혀지면 상대국에 공개된 정보를 이용하여 위협할 수 있다.[12] 국가안보와 관련되어서는 국방부뿐만 아니라 외교부, 국가정보원같이 기밀정보를 다루는 기관의 경우도 마찬가지로 적용된다. 둘째, 관료적 기밀사항은 정보를 공개해도 문제가 되지 않지만, 일단 기밀로 만들려는 관료들의 습성에 기인한 기밀성을 말한다. 관료들이 문서를 기밀로 만드는 이유는 여러 가지가 있겠지만, 가장 중요한 것은 정부가 한 일을 공개하지 않는다면 책잡힐 확률을 줄일 수 있기 때문이다. 반대로 공무원이 정보를 공개해서 이득이 되는 면은 별로 없다. 정보를 공개한다고 해서 특별히 보수를 더 받는 것도 아니고, 정보공개를 하려면 그 정보를 찾아보아야 하는 수고를 해야 한다. 그래서 공무원의 입장에서는 굳이 정보를 공개할 이유가 없는 것이고, 이러한 면이 관료적 기밀성을 부추기는 원인이 된다. 마지막으로 정치적 기밀성이 있다. 가장 문제 있고 지탄받아 마땅한 기밀성으로 정치적

11) 물론 투명성과 기밀성이 대척점이라는 것에 반대하는 사람도 있다(Birchall, 2011). 하지만 반대하는 입장의 논거가 너무 사변적이라서 실질적이지 못한 점이 있다.

12) 군사기밀이 중요하다는 것을 부인하는 사람은 거의 없다. 우리나라 군사기밀보호법에서는 군사정책, 전략, 계획에 관한 사항, 군의 편재, 장비 및 동원에 대한 사항, 군용물의 생산과 공급 및 연구에 관한 사항, 군의 운수 및 통신에 관한 사항 등등 국가안전보장을 위해서 폭넓게 기밀을 지정해두었다. 그런데 이 기밀을 너무 광범위하게 설정해두면 국민의 알권리를 침해할 수 있다. 그래서 우리나라 헌법재판소의 경우에는 국민의 표현의 자유 내지 알권리의 대상영역을 가능한 최대한 보장될 수 있도록 군사기밀의 범위가 필요한 최소한도에 한정되어야 할 것이고, 관계당국이 군사기밀로 지정하기만 하면 그 내용이 모두 군사기밀이 되는 것은 아니라고 판단했다(1992.2.25. 89헌가104).

인 책임을 가진 사람들이 그 책임을 회피하기 위해서 의도적으로 정보를 기밀화하는 것이다(Aftergood, 2008). 가령, 정치적으로 반향을 일으킬 환경오염에 관련된 내용을 의도적으로 기밀화하는 것을 그 예로 들 수 있다.

현실에서 기밀성은 공무원 비밀엄수 의무로 잘 나타난다. 공무원이 업무로 인하여 취득한 정보를 조직 밖으로 알리고 싶어도 알릴 수 없는 경우가 많다. 이를 규정한 대표적인 법률이 국가공무원법이다. 국가공무원법 제60조에 따르면 “공무원은 재직 중은 물론 퇴직 후에도 직무상 알게 된 비밀을 엄수(嚴守)하여야 한다”고 되어 있다. 이는 국가공무원법에만 나와 있을 뿐 아니라 지방공무원법 제52조에도 “공무원은 직무상 알게 된 비밀을 엄수하여야 한다”고 되어 있어 공무원의 비밀엄수를 강조하고 있다. 특히 비밀유지가 중시되는 공무원이 있는데 외교관이 그 중 하나로 외무공무원법 제19조에서는 외교기밀을 지킬 것을 강조했다.

외교공무원과 더불어 기밀성이 중시되는 직종이 정보기관 공무원이다. 우리나라 국가정보원직원법 제17조에는 비밀엄수에 대해서 자세하게 나와 있다. 제17조 1항에 따르면 직원은 재직 중은 물론 퇴직한 후에도 직무상 알게 된 비밀을 누설하여서는 안된다. 그리고 직원(퇴직한 사람을 포함)이 법령에 따른 증인, 참고인, 감정인 또는 사건 당사자로서 직무상의 비밀에 관한 사항을 증언하거나 진술하려는 경우에는 미리 원장의 허가를 받아야 한다고 나와 있다. 비밀엄수 의무대상이 되는 것은 형식적으로 정해진 것을 고려해야할 뿐만 아니라 실질적으로 비밀로 보호할 가치가 있는지도 고려되어 기밀성이 파악된다(안상운, 2011).

제2장

정부투명성의 결과와 논쟁

1. 낙관론적 시각
2. 비관론적 시각
3. 제3의 시각

정부투명성의 결과와 논쟁

정부투명성은 공공선이라고 여겨질 만큼 긍정적으로 받아지고 있다(Goldstein & Myers, 1996). 그래서 투명성은 마치 개인이 행복을 추구하는 것처럼 정부도 응당 투명성을 추구해야 하는 당위성이 있는 것으로 여겨지고 있다(Felix, 2015). 하지만 정부투명성이 가지고 있는 잠재적인 해악에 대해서 지적하는 경우도 적지 않다. 이번 장에서는 정부투명성이 가져올 수 있는 긍정적, 부정적인 결과에 대해서 포괄적으로 살펴볼 것이다. 또한 정부투명성이 때로는 주위 조건에 의해서 다른 결과를 가져올 수 있는데 이 점에 대해서도 고찰해보기로 하겠다.

1. 낙관론적 시각

정부투명성이 긍정적인 결과를 가져올 것이라는 생각의 핵심에는 투명성이 도덕적 해이(moral hazard)를 줄일 것이라는 믿음이 자리한다. 시민과 정부과의 관계는 정보비대칭(Information asymmetry)상황으로 볼 수 있다. 즉, 시민을 위해 존재하는 정부는 시민이 갖지 못하는 정보를 소유하고 있다. 정부가 시민의 이익이 아니라 다른 목적으로 정보를 이용해서 제대로 일을 하지 않을 수 있다(Welch, 2012). 정부투명성은 정보비대칭을 줄여서 정부가 시민들의 이익에 반해서 일하는 것을 방지할 수 있고 공무원의 도덕적 해이를 막을 수 있다. Grimmelikhuijsen & Klijn(2015)은 사법부에 대한 투명성이 법원에 대한 신뢰를 올리는 것을 발견하였다. 다른 조건이 같을 때, 정부가 어떻게 일하는지 살펴보면 그렇지 않은 경우보다 신뢰가 올라가는 것은 직관적으로도 이해하기 쉽다.

정부투명성이 가져올 결과 중 가장 큰 기대를 걸고 있는 것이 부패 척결이다. 공무원이 업무상 금전적인 혜택 같은 여러 정보를 공개해야 하면 공무원의 변칙적인 행위를 줄일 수 있다(Bertot, Jaeger, & Grimes, 2010; Meijer, Curtin, & Hillebrandt, 2012; Shim & Eom, 2009). 투명성 정책으로 인하여 정부의 정보를 공개하게 되면 아무래도 공무원은 신경을 써서 제대로 일할 수 있다. 심지어 시민들이 관심을 가지고 보지 않는다 하더라도 정부 정보를 공개한다는 것 자체가 공무원들이 바르게 일하게 하는 데 일조한다(Ahn & Bretschneider, 2011). 반면에 불투명한 정부는 시민들의 이익에 반하는 정책이나 행동할 수 있는 여지를 남겨두기 때문에 부패가 생길 수 있다.

정부가 투명성으로 인하여 부패가 줄어든다면 다른 긍정적인 파생 효과를 낳을 수 있다. 정부가 투명해져서 얻을 수 있는 기대 결과 중 하나가 정부신뢰이다(Zhao & Hu, 2017). 정부부패가 줄면 신뢰가 늘어난다(Andrain & Smith, 2006; Veal et al., 2011). 투명성이 커져 부패가 줄면 궁극적으로 신뢰가 증가할 수 있다.

정부투명성의 증가로 시민들이 정부가 어떤 일을 하고 있는 인지하고 정부가 잘못 진행시키고 있는 것을 지적할 수 있다. 이러한 모니터링을 통해서 잘못된 점은 처벌하고 좋은 점을 장려할 수 있다

(Carlitz, 2013). 또한 공무원이 자신의 행동이 공개될 것을 생각하면 부끄러운 일을 하지 않을 수도 있다(Zarsky, 2013).

그리고 투명성으로 인해서 시민들이 자신이 낸 세금으로 어떠한 공공서비스를 받는지 더 자세히 알 수 있다(Veal, Sauser, & Folmar, 2011). 정부는 시민의 세금으로 정책을 실행하고 프로그램을 제공하고 있다. 그런데 시민들은 정부 프로그램이 어떻게 운영되는지에 대해서 잘 모르는 경우가 종종 있다. 정부가 적극적으로 정보를 공유해서 실제로 어떠한 프로그램을 진행하고 있는지 시민들이 알 수 있다면 시민들의 그 프로그램을 보다 더 활용할 수 있고 결과적으로 시민들의 후생이 증가할 수 있다. 궁극적으로 후생의 증가는 정부에 대한 신뢰로 귀결될 수 있다.

기본적으로 신뢰란 상대방을 모니터하고 통제할 수 있느냐를 떠나서 상대방이 자신에게 특정한 업무를 해줄 것이라는 기대를 가지고 의존하는 경향을 말한다(Mayer, Davis, & Schoorman, 1995). 혹은 상대방으로부터 기대하는 행동을 받지 못할 것이라는 위험을 감수할 의지라고 여겨진다(Pautz & Wamsley, 2012). 정부의 투명성이 올라가면 시민들이 정부를 믿고 일을 맡길 의지가 늘어난다. 즉, 정보의 비대칭성이 줄면서 신뢰가 높아지는 것이다. 이는 정부의 성과에 대한 공개된 정보가 시민의 정부신뢰 진작에 도움이 된다는 것이다(박정호, 2014; Grimmelikhuijsen, 2012).

또한 투명성을 통해서 시민들의 집단지성을 이용할 수 있다(이혁우, 2016). 정부가 다양한 일을 하고 있지만 모든 일을 제대로 처리할 수는 없다. 인력과 재원이 제한되어 있기 때문이다. 그래서 정부운영에 있어서 시민들의 지식과 노력이 필요할 때도 있다. 정부가 정보를 대중에게 공개하면 시민들이 공개된 정보를 창발적으로 이용할 수 있다. 이러한 이유로 민관(民官)이 효과적으로 공공서비스를 공동

생산(Co-production)할 수 있는 기반을 마련할 수 있다. 그래서 궁극적으로 거버넌스의 질이 향상될 수 있다.

2. 비관론적 시각

정부투명성이 부패를 줄이고 정부신뢰를 늘린다는 낙관론은 어떻게 보면 당연해 보이지만 그렇지 않다는 주장도 여러 갈래로 나왔다.

(1) 유용하지 않은 과도한 관심

우선 정부투명성이 정부의 실수(혹은 저조한 성과)에 대한 과도한 관심을 일으켜서 정부가 무능력하다는 이미지를 갖게 할 수 있다(Fung & Weil, 2010; Grimmelikhuijsen & Meijer, 2012). 정부가 매우 불투명하다면 시민들은 정부의 실수마저도 알 수 없다. 그런데 정부가 투명하여 잘한 점도 있지만, 그렇지 못한 부분도 시민들이 알게 된다면 정부에 대해 실망할 수 있다. 예를 들어, 2000년에 시작된 인사청문회를 생각하면 쉽게 알 수 있다. 2000년 이전에는 고위공직자에 대한 정보를 시민들이 제대로 파악하지 못했다. 그런데 인사청문회가 시작되면서 시민들은 고위공직자 후보자의 큰 잘못부터 작은 실수까지 상세하게 알게 되었다. 이러한 정보를 바탕으로 언론에서는 정부와 공직자를 비판할 수 있다. 이럴 경우에는 시민들은 정부에 대해 환멸을 느끼게 된다. 이러한 이유로 정부가 전략적으로 정보를 노출하는 가시성 관리(Visibility management)를 해야 한다는 주장도 나왔다(Bratich, 2016).

(2) 제한된 합리성

시민들의 제한된 합리성(Limited rationality)이 투명성의 효과를 감소시킨다. 이론적으로는 정부가 공개한 정보를 시민들이 전부 숙지하여 정부를 평가하게 된다는 것이 정부투명성에 대한 낙관론자들의 기본적인 가정이다(Grimmelikhuijsen, 2012). 그래서 투명성 옹호론자들은 공개된 정보로 사람들이 더 나은 결정을 할 수 있다고 본다(Etzioni, 2010). 하지만 현실에서는 사람들이 정보를 모두 이해하지도 못할뿐더러 생활이 바빠서 알고 싶지도 않아 한다. 이러한 시민들의 제한된 합리성은 공개된 정보가 정부신뢰로 이어지지 못하게 한다(Etzioni, 2010). 경제학자들이 흔히 가정하는 것들 중 하나가 합리성이다. 여기에서 합리성이란 사람이 컴퓨터 같은 지능을 가지고 주어진 정보를 해석할 수 있는 능력이 있다는 것이다. 하지만 이런 경우는 오히려 드문 경우이고 대부분의 사람들은 정보를 해석하는데 어려움을 겪는다. 그리고 시간도 충분히 가진다고 가정을 한다. 하지만 시민들의 시간은 한정되어 있고 쓸 수 있는 지적인 여력도 제한되어 있다. 그래서 시민들이 정부가 공개한 모든 정보를 처리하는 데에는 한계가 있다. 이러한 이유로 Christensen & Cheney(2015)는 시민들이 정부가 공개한 정보를 쉽게 해석해 줄 정치전문가, 재정분석가, 심층취재를 하는 기자 같은 전문가들에게 의존한다고 보았다. 이러한 전문가들이 정보를 해석해주지 않는 상황에서는 아무리 정부가 정보를 많이 공개를 한다고 하더라도 그 효과가 미진할 수 있다.

(3) 투명성 환각

투명성은 그 종류와 양에 따라서 달라진다(de Boer & Eshuis, 2018). 이와 관련해서 투명성 환각(Transparency illusion)이 있을 수 있다. 투명성 환각을 이해하기 위해서 앞에서 논의하였던 명목적 투명성과 실질적 투명성을 고려하여야 한다. Heald(2006)에 따르면 투명성 환각이란 명목적 투명성과 실질적 투명성의 차이이다. 이 투명성 환각이 크면 클수록 정부신뢰에 투명성이 미치는 영향은 미미할 것이다. 예를 들어, 시민들이 정보를 요청하면 정부는 겉으로는 정보를 공개하는 것처럼 해놓을 수 있다(명목적 투명성). 그런데 실제로 원하는 정보를 얻기 위해서 많은 노력과 시간이 필요하고, 번번이 다양한 이유를 들어서 정보공개를 거절한다면 실질적인 투명성은 낮다고 할 것이다. 그래서 평범한 시민의 경우에는 정보를 얻기 위해 노력하는 도중에 포기하는 경우도 생긴다. 이 경우에는 투명성 환각이 크다고 볼 수 있다. 그리고 투명성 환각이 있으면 정부신뢰를 비롯한 여러 목표한 긍정적인 거버넌스 요소에 전혀 도움이 되지 못한다.

(4) 허위투명성

투명성 환각뿐만 아니라 허위투명성(Pseudo transparency)이 있을 경우도 투명성은 거버넌스에 긍정적인 영향을 줄 수 없다. 정부의 정보가 존재하지만 도무지 이해가 되지 않은 정보가 공개되었을 때 허위투명성이 있다고 볼 수 있다. 이 점과 관련하여 Alloa(2017)는 최근 유행이 된 빅 데이터의 영향력에서도 경계를 한다. 엄청난 양의 자료가 그 자체로 의미 있는 것이 아닐 수 있기 때문이다. 실제로 정부의 홈페이지에 가보면 시민 개인이 소화하기에는 감당할 수 없을 만큼의 많은 양의 정보가 있다. 이렇게 양은 많아도 제대로 이해하기 어려운 정보들일 경우에는 기대한 효과를 발생시키지 않을 것이다.

(5) 비판적인 언론

공개된 정보가 언론을 통해서 정부에 대한 부정적인 인식을 강화시킬 수 있다. 언론이 정부를 감시하고 견제하고 비판하는 것은 언론 본연의 업무이다(Warren, 1974). 문제는 때때로 언론이 시청률이나 구독률을 올리기 위해서 정부의 문제를 침소봉대하여 보도하는 경우가 있다. 그래서 정부투명성으로 인하여 얻은 정보를 통해서 중요하지도 않고 시민이 관심이 없는 부분을 문제시하고 갈등만 부각시킬 수 있다(이혁우, 2016; Curtin & Meijer, 2006). 정부의 문제를 침소봉대하거나 매우 지엽적이고 선정적인 부분을 부각시킨다면, 높은 투명성은 건강한 토론과 협의를 방해할 수 있다(박윤환, 2017). 이 경우에는 정부투명성이 신뢰에 오히려 악영향을 줄 수 있다.

(6) 투명성에 대한 기대 차이

객관적으로 같은 투명성의 수준이라고 하더라도 공무원이 생각하는 것과 시민이 기대하는 바가 다를 수 있다(명승환, 2006). 기본적으로 정부의 정보를 공개하는 주체는 정부에서 일하는 공무원이다. 공무원 입장에서는 상당한 투명성을 보장했다고 생각하고 정보를 공개할 수 있다. 그런데 시민들이 기대하는 투명성의 수준이 높을 경우에는 정부가 공개한 정보량이 부족하다고 인식할 수 있다. 이렇게 공무원과 시민들이 생각하는 괴리가 클수록(특히 시민이 투명성을 더 크게 원할수록) 정부의 투명성이 긍정적인 효과를 가져올 가능성이 줄어든다.

(7) 인기영합에 의한 의사결정

투명성은 정치인들이 선거에 유리한 정책을 선택하게 부추긴다

(Fox, 2007). 정책은 기본적으로 시민들의 삶을 윤택하게 만들기 위해 실행된다. 그리고 정부는 시민들이 원하는 바를 정책으로 옮긴다. 그런데 사람들이 좋아하는 정책이 바람직한 정책이 아닐 수도 있다. 가령 국민의 다수가 어느 국가를 침공하는 것을 찬성한다고 하자. 국방정책이 국민에게 낱낱이 공개된다면 참여한 정치인들은 본래 마음에는 없었지만 다음 선거를 고려하여 전쟁에 찬성할 수 있다. 전쟁이 일어나면 여러 가지 피해가 막대함에도 불구하고 다음 선거에서 재선되기 위해 강공결정을 할 수 있다. 이렇듯 다수가 원하는 것이 언제나 옳은 것도 아니고, 시민들에게 긍정적인 영향을 주지 않음에도 불구하고, 정치인들은 그들의 결정이 공개된다면 다수가 원하는 방향으로 결정할 가능성이 크다. 좋은 정부가 운용되는 방향은 모든 대화와 행동이 공개되는 리얼리티 쇼가 아니다(Coglianese, 2009). 물론 시민 다수가 지지하는 방향이 국익이나 시민의 생활을 향상시키는 방향이라면 문제가 없다. 하지만 시민들의 지지하는 방향과 국익이 어긋날 때면 투명성이 오히려 부작용을 초래할 수도 있다.

(8) 역인과관계

투명성과 투명성으로 인하여 도출될 것이라고 생각되는 것들과의 인과관계가 분명치 않다(Michener, 2019). 투명성과 신뢰 사이가 뚜렷하지 않은 이유는 이 두 변수가 상호인과관계가 있을 수 있기 때문이다(박윤환, 2017). 예를 들어, 투명성이 신뢰를 올릴 수도 있지만, 정부에 대한 신뢰가 투명성의 정도를 결정할 수 있는 것이다. 이러한 상호인과관계는 투명성과 참여 사이에도 존재할 수 있다(Welch, 2012). 투명한 행정으로 인하여 사람들이 정부의 현재 상태를 깨닫고 참여를 할 수 있다. 반대로 참여를 통해서 더 많은 투명성을 요구할 수도 있다(이창균, 2015). 또한 전자정부를 이용해서 정부신뢰가 오른다고 생각할 수도 있지만 정부신뢰가 전자정부에 대한 태도에 영향을 미치고 전자정부를 이용한다고 볼 수 있다(Nam, 2012; Reddick, 2005).

그뿐만 아니라 투명성이 정부의 책무성을 상승시킬 수도 있지만 반대로 정부의 책무성이 높아졌기 때문에 투명성이 올라갈 수 있다(Carlitz, 2013). 투명성이 늘어나면 공무원들이 책임감 있게 활동할 수 있는 계기가 될 수 있다. 반면에 정부가 책무성이 올라갔기 때문에 투명성을 올리려는 생각을 할 수도 있다. 혹은 투명성과 책무성이 동시에 상승할 수도 있다.

이렇게 투명성이 정부신뢰, 시민참여, 책무성에 영향을 줄 수도 있지만 이러한 요소들로부터 영향을 받을 수도 있는 것이다. 이러한 '닭이 먼저냐, 달걀이 먼저냐' 식의 문제의 경우에 순수한 투명성의 효과를 파악하기는 어려운 일이다. 그런데 인과관계의 방향성에 따라서 투명성의 효과에 대한 진단뿐만 아니라 정책의 방향도 달라질 수 있다. 투명성이 신뢰, 참여, 책무성을 위한 원인이 되는지에 대한 여부를 제대로 알기위해서는 여러 연구가 필요하다.

(9) 부패에 대한 비효과성

투명성이 부정부패를 줄인다는 명제는 직관적으로 설득력이 있다. 하지만 늘 그렇지 않다는 주장도 있다. Bac(2002)은 상황에 따라서 투명성이 부패를 줄이지 못할 뿐만 아니라 도리어 증가시킬 수 있다고 했다. 정부에서 정보공개법에 의해서 정부의 의사결정과정을 투명하게 보여준다고 하더라도 이는 공식적인 회의기록에 불과할 가능성이 크다. 공식적인 기록으로는 보이지 않는 개인적인 연줄이 정부의 의사결정에 영향을 준다면 투명성은 부정부패에 영향을 주지 못할 것이다. 가령 개발도상국의 정보조달사업에 있어서 고위공무원과 기업가가 개인적인 친분이 있다고 하자. 그리고 그들이 사적으로 만나서 사업 이야기를 나눌 수 있는 사이라고 하면 투명성은 부정부패를 줄일 수 없을 것이다.

Ananny & Crawford(2018)는 높아진 투명성으로 인해 부패가 만천하에 드러났는데 부패를 척결하지 못한다면 오히려 부패가 더 커질 수 있음을 지적한다. 이는 부패를 척결하기 위해서는 그에 맞는 국정능력을 갖추어야 함을 보여준다. 예를 들어, 멕시코 정부(특히 경찰)가 부정부패가 만연한 것은 미디어의 발달로 인하여 잘 알려져 있다. 그런데 멕시코 정부는 사회 전반적으로 퍼져있는 부정부패를 줄이지 못하고 있다. 이러한 상황에서 멕시코 국민은 정부를 믿지 못하고 카르텔의 영향권에 포섭될 수 있다. 멕시코와 비슷한 경우라면 투명성은 부패를 줄이지 못하고 오히려 부추기는 상황이 되어버릴 수 있다. 멕시코와 같은 상황은 투명성이 효과적으로 부패를 줄이기 위해서는 투명성만으로는 불충분하다는 것을 암시한다.

(10) 온전한 의사결정에 대한 위협

투명성이 긍정적인 결과를 낳지 못할 수 있는 이유는 투명성이 정부의 의사결정 독립성을 위협할 수 있기 때문이다. 예를 들어, 중앙은행의 의사결정에 대한 투명성은 중앙은행이 독립적으로 통화정책을 정하는 데 위협을 가할 수 있다(Stasavage, 2003). 시민들의 알권리를 토대로 통화정책이 어떻게 입안되는 지 공개될 수 있다. 하지만 이러한 과정에서 뜻하지 않게 대중영합주의적인 요구가 정책당국자에게 영향을 미칠 수 있고 이러한 투명성은 경제에 부정적인 영향을 줄 수 있다.

3. 제3의 시각

투명성이 긍정적인 영향을 주는지, 혹은 부정적인 영향을 주는지는 여러 가지 조건에 의해 달라진다는 의견도 있다.

(1) 정보의 내용

투명성의 영향을 판가름하는 가장 중요한 요소 중 하나가 정보의 내용이다(Grimmelikhuijsen et al., 2013). 투명하게 공개된 정보가 정부가 잘했다는 내용일 때에는 정부신뢰가 올라갈 가능성이 크고, 반대로 잘못한 경우에는 정부신뢰가 떨어질 가능성이 크다. 예를 들어, 경찰의 실수로 놓친 범죄자 정보를 많이 공개하면 시민들은 경찰이 효과적으로 일을 하지 못한다고 생각할 수 있다(Grimmelikhuijsen & Meijer, 2015). 그런데 당연하게 보이는 이 논리는 생각보다 실제로 파악하기는 어렵다. 아무리 객관적인 수치의 정보라고 하더라도 받아들이는 입장에서 주관적으로 해석될 수 있기 때문이다. 예를 들어, 외환보유고가 1,000억불이 있다는 정보를 정부가 공개했다고 하자. 어떤 사람은 이 외화량이 충분히 많다고 생각할 수도 있고, 어떤 사람은 부족하다고 생각할 수도 있다. 그러므로 객관적인 수치의 정보가 공개된다고 하더라도 그 정보의 좋고 나쁘고를 판단하는 것은 해석하는 사람에 따라 다를 수 있고 이에 따라 투명성이 가져오는 결과는 달라진다.

(2) 정부기관의 특징

투명성의 효과에 대해서 사람들이 왈가왈부하게 되는 이유는 투명성이라는 것이 맥락이 중요한 개념이기 때문이다(de Fine Licht,

2014). 시민들은 정부 기관에 따라 다르게 신뢰한다(Grimmelikhuijsen & Knies, 2017; Hetherington & Husser, 2012; van der Meer, 2010; Yang & Holzer, 2006). 예를 들어, 교육부에 대한 신뢰가 이루어지는 것과 국방부에 대한 신뢰가 이루어지는 것과는 다른 양상을 보인다. 그리고 교육부가 가지고 있는 정보를 공개하는 것과 국방부가 가지고 있는 정보를 공개하는 것은 다른 사회적인 여파를 가져온다. 실제로 Choi(2018)는 국방부나 외교부 같은 안전보장기능을 가진 정부기관이 보건복지부 같은 사회보호 기능을 가진 정부기관에 비해서 정보공개에 엄격하다는 것을 발견하였다. 이는 부서의 기능에 따라 정보공개에 대한 태도가 다르다는 것을 보여준다. 그래서 투명성의 효과를 논하기 위해서는 정보를 공개하는 정부의 각 부처의 특성을 고려할 필요가 있다(Lee, 2018).

(3) 시민의 참여여부

투명성이 정부신뢰에 영향을 미치는 작동방식을 절차적 공평성 이론(Procedural justice theory)으로 설명할 수 있다(de Fine Licht et al., 2014). 공공부문에 있어서 절차적 공평성 이론의 핵심은 정부기관이 권위를 행사할 때 시민이 거쳐야 하는 과정이 공정하면 그 기관을 신뢰한다는 이론이다(Tyler, 2006). 절차적 공평성 이론에 따르면 투명성은 정부신뢰에 긍정적일 수도 있고 부정적일 수도 있다. 우선 투명성은 그 자체가 과정공평성의 선결요건이기 때문에(de Fine Licht et al. 2014) 정부투명성은 정부신뢰에 긍정적인 영향을 줄 수 있다. 그런데 투명성은 오히려 시민들을 좌절시켜 부정적인 영향을 줄 수 있다. 정부투명성이 높아져 행정집행과정이 어떻게 돌아가는지 시민들이 알 수 있는데 현실적으로 시민들이 정작 행정 과정에 참여를 할 수 없다면 시민들은 좌절하게 되어 정부신뢰가 떨어진다는 것이다. 소수의 학자들이나 기관들이 정부투명성을 측정할 때 시민참여도 포함한다. 보편적 의미에서의 투명성(정보공개)가 부분적 투명성(시민참여)과 엇박자를 이룰 수 있는 것이다. 이 때 시민참여부분이 매우 낮다면 겉으로 보기에 정보공개의 투명성이 있어도 정부신뢰는 낮아질 수 있다.

이러한 상반된 효과는 정보를 공개하는 정부 부처의 상이한 특징과 결합되면 증폭될 수 있다. 증폭효과가 가능한 것은 각 부처마다 특성이 달라서 투명성의 작동원리가 다르게 나타나기 때문이다(Worthy, 2010). 예를 들어, 시민들이 경찰의 업무와 연관되는 것과 군대와 연관되는 것은 다르다. 둘 다 치안을 담당하는 기관이지만 군대의 업무에 시민들이 관여하는 것은 매우 어렵다. 반면에 경찰은 주위에서 볼 수 있는 공동체에서 벌어지는 일을 담당하기 때문에 시민들이 목소리를 내는 것이 비교적 용이하다. 그래서 공개된 정보로 인하여 시민이 군관계자를 만나는 일은 매우 어려운 일이지만 같은 이유로 경찰서에 가서 경찰관을 만나는 일은 상대적으로 어렵지 않은 일이다. 이러한 이유로 다른 조건이 같다고 가정하면 군대와 관련된 일은 참여가 원천적으로 어렵기 때문에 오히려 신뢰가 낮아질 수 있고 반면에 경찰과 관련된 일은 신뢰가 높아질 수 있다. 그러므로 기관의 차이가 투명성이 미칠 수 있는 영향을 달리 할 수 있다.

(4) 정보공개에 대한 태도

정부의 정보공개에 대한 태도와 주민의 정보공개에 대한 태도에 따라서 정부신뢰가 달라질 수 있다. 박흥식(2002)은 정보공개에 대한 정부와 주민의 태도에 따라 투명행정을 4가지로 나누어 보았다. 첫째는 정부와 주민 모두가 정보 공개를 긍정하는 경우다. 둘째, 정부는 정보공개를 꺼리는데 주민이 원하는 경우다. 셋째, 정부는 정보공개를 할 생각이 없고 주민도 정보공개를 원치 않는 영역이다. 넷째는 정부는 정보공개를 하려고 하는데 시민이 원하지 않는 경우다.

우선 첫 번째 영역의 경우에는 투명성이 정부신뢰를 올릴 수 있다. 시민들이 궁금한 점을 정부가 대답하고 알려주기 때문이다. 두 번째 영역의 경우에는 투명성이 효과적인지 아닌지 알 수 없다. 정부가 정보공개를 꺼리는 이유는 크게 보면 두 가지가 있다. 우선 개인정보나 기밀같이 민감한 정보인 경우에는 정부가 정보 공개를 꺼린다. 다른 하나는 정부가 제대로 일을 못한 내용을 포함하고 있을 때이다. 정부는 실수나 저조한 성과를 적극적으로 보이려 하지 않는다. 만약에 낮은 성과를 감추려는 이유로 정부가 정보를 공개하는 것을 꺼리는데 공개한다면 정부신뢰는 오히려 떨어질 것이다. 세 번째의 영역의 경우에는 정부가 정보를 공개하더라도 신뢰에는 큰 변화가 없을 것으로 예상된다. 행정의 사소한 일들이 이 영역에 속하는데(박홍식, 2002), 공개를 하고 하지 않는 것에 시민들이 관심이 크지 않기 때문에 신뢰에도 영향이 없을 것이다. 네 번째 경우에는 신뢰에 긍정적인 영향은 있으나, 그 크기는 작을 수 있다. 대개 이러한 경우는 지방자치단체장의 치적홍보가 주를 이룬다(박홍식, 2002). 이러한 홍보는 잘한 일만 이야기하기 마련인데 시민들은 그 일에 대해서 아예 모를 때보다는 긍정적인 인상을 받을 수 있다. 시민이 시간적 여유가 많아서 실상을 파악할 여력이 있는 경우를 제외한다면 이런 종류의 투명성은 긍정적으로 정부신뢰에 영향을 미칠 수 있다. 반면에 어떠한 시민은 이러한 종류의 홍보를 질색할 수 있다. 이런 경우에는 오히려 정부신뢰에 악영향을 줄 수 있다.

(5) 투명성의 정도

정부투명성의 경우에는 한 단위 올라간다고 정부신뢰나 정부성과가 한 단위 올라가는 단조함수(Monotonic function)가 아니라 다른 형태의 함수관계를 가질 수 있다. 정보가 아주 많은 양으로 공개되면 전문가들 조차 제대로 이해하기 어렵다(Curtin & Meijer, 2006). 투명성이 있으면 긍정적으로 보이지만 투명성이 오히려 극단적으로 높아지면 오히려 사회적인 혼란이 생길 수 있다. 그리고 너무 많은 정보는 오히려 정보의 가시성을 감소시켜서 기밀성을 높이는 효과를 낸다(Birchall, 2011).

반면에 투명성이 아예 보장되지 않으면 정부가 무슨 일을 하는지도 모르게 되어 정부에 대한 불신이 생기게 된다. 그러므로 투명성이 너무 적거나 많을 경우는 신뢰가 떨어지고 그 사이에 있는 중간의 경우에 신뢰가 높을 수 있다. 그 결과가 투명성과 정부신뢰의 관계에는 위로 볼록한 함수 모양(Inverted U-shape curve)을 보일 수 있다.

그림 2-1 투명성 정도에 따른 정부신뢰

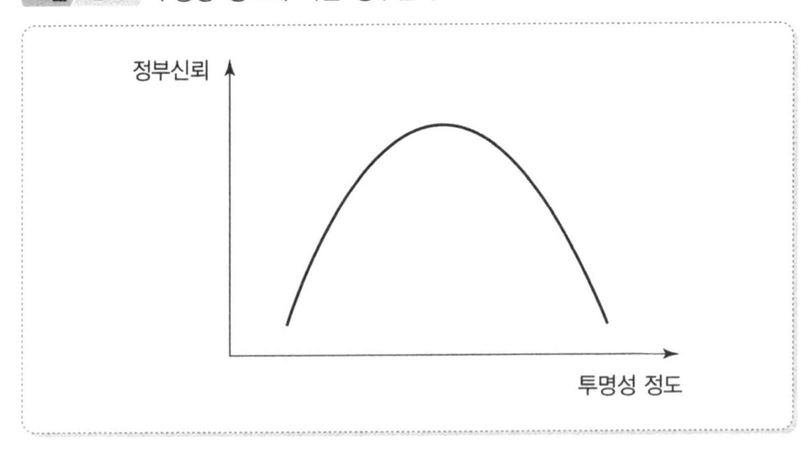

(6) 정부성과 정보의 종류

정부성과는 아주 다양한 형태를 띤다. 어떠한 정부성과는 경제성장률처럼 명확하게 측정가능한 것이 있고, 어떠한 정부성과는 외교성과처럼 불분명하게 나타날 수 있다. 이러한 차이로 인하여 투명성이 가지고 오는 효과가 달라질 수 있다(Ingrams, 2018). Ingrams (2018)는 정부성과가 잘 측정되는 종류일수록 투명성이 증가되었을 때 정부성과에 긍정적인 영향을 미칠 수 있음을 밝혀냈다.

(7) 신뢰의 특징

신뢰는 다양적인 측면이 있다. 그러므로 투명성은 신뢰의 측면에 따라 다른 효과를 발생시킬 수 있다. Grimmelikhuijsen(2012)은 투명성이 정부신뢰에 어떠한 영향을 주는지 연구하였다. Grimmelikhuijsen (2012)은 정부신뢰를 능력, 자혜로움, 솔직함 측면으로 나누어 보았다. 그의 실험결과에 따르면 투명성은 능력측면의 신뢰에만 영향을 주고 나머지 측면에는 영향을 주지 않았다. 또한 Tolber & Mossberger (2006)는 정부신뢰를 연방정부에 대한 신뢰, 주정부에 대한 신뢰, 그리고 지방정부에 대한 신뢰를 나누어 보았다. 그리고 그들은 투명성이 주정부와 지방정부의 신뢰에는 긍정적인 영향을 주었지만 연방정부의 신뢰에는 영향을 주지 못함을 발견하였다. 이를 보면 투명성이 영향을 주는 대상에 따라서 다른 효과를 낼 수 있음을 보여준다.

(8) 시간에 따른 효과

투명성이 정부신뢰와 같은 결과를 낳는 데에 의견이 분분한 까닭중 하나로 시간의 요소를 산입하지 않은 이유도 있다. 같은 투명성이라도 시간에 따라서 정부신뢰에 주는 영향이 달라질 수 있기 때문이다. 투명성을 확장하는 초기에는 정부신뢰가 올라갈 수 있다. 투명성을 올리겠다는 것은 정부가 책임감 있게 일하겠다는 표시로 여겨질 수 있기 때문이다. 하지만 높아진 투명성으로 인하여 정부의 잘못한 점이 쏟아져 나오면 정부신뢰가 떨어질 수 있다.

시간이 더 지나서 정부가 국민의 비판을 받아들여서 쇄신의 발판을 마련하여 잘못된 점을 고치고 성과를 올린다면 점차 정부신뢰는 올라갈 것이다. 반면에 특별히 성과에 개선이 없다면 정부신뢰는 낮은 채로 고착화될 것이다. 즉, 정부가 하기 따름에 따라 정부신뢰는 달라질 수 있다. 또한 Brandsma(2012)는 투명성이 그 자체로 마법처럼 책무성 같은 긍정적인 효과를 만든다기보다는 정보를 어떻게 다루느냐에 따라서 결과가 달라질 수 있다는 견해를 보였다. 이처럼 투명성 그 자체보다는 그 이후에 어떻게 하느냐가 더 중요할 수 있다.

정부신뢰에 영향을 미치는 여러 영향이 있겠지만 정부가 투명성이 증가한 이후에도 꾸준히 할 일을 제대로 한다는 가정 아래에서는 [그림 2-2]와 같이 시간이 지날수록 정부신뢰가 오를 것으로 예상된다.

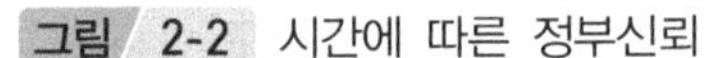
그림 2-2 시간에 따른 정부신뢰

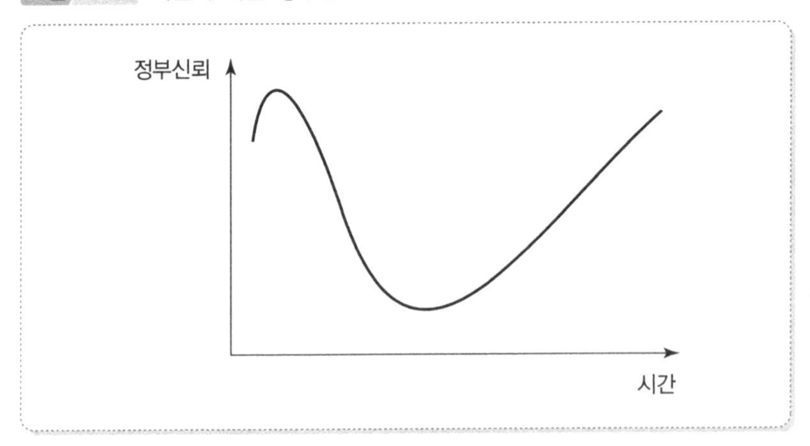

제 2 부

투명성의 실제

제3장

투명성 구현방법

1. 자발적 공개
2. 정보의 자유
3. 내부고발

투명성 구현방법

정부투명성이 구현되는 방법에는 기본적으로 3가지가 있다. 첫 번째는 정부의 자발적 공개, 두 번째는 정보공개법, 그리고 세 번째는 내부고발로 이 방법들의 차이점은 정보공개를 촉발하는 주체에 있다. 우선 자발적 공개는 정부가 주체가 되고, 정보공개법은 시민이 주체가 되고 내부고발은 정부 기관 내에 있는 직원이 주체다. 이번 장에서는 세 가지 투명성 구현 방법에 대해서 구체적으로 논의하도록 하겠다.

1. 자발적 공개(Public Relations: PR)

투명성이 구현되는 가장 기본적인 방법은 정부에서 자발적으로 정보를 공개하는 것이다. 정보공개제도는 크게 적극적 정보공개와 소극적 정보공개로 나누어 볼 수 있다(박종관 · 윤주명, 2004). 자발적 공개는 국민들이 정보를 청구하지 않더라도 정부가 정보를 공개하는 것으로 적극적 정보공개로 볼 수 있다. 예를 들어, 정부가 보도자료를 통해서 기자에게 직접적으로 알리고, 간접적으로 국민에게 정부가 가진 정보를 보여주는 것이 자발적 공개의 예가 되겠다(강정석·이재호·최호진, 2010; 이명진·문명재, 2010).

정부가 자발적으로 정보를 공개하는 것의 연원은 아주 깊다. 현대적 의미의 자유민주주의 국가가 들어서기 전에 정부의 자발적 정보공개는 국민을 위한 것이라기보다는 국민을 효과적으로 통치하기 위함이었다. 예를 들어, 조선시대에도 왕실에서는 전국 주요 지역에 방을 붙여서 필요한 정보를 백성들에게 알리고는 했다. 하지만 여기에서 알린 정보는 정책변동에 대한 내용으로 국정을 효과적으로 하기 위함이었다.

효과적인 국정운영을 위한 자발적 정보공개는 현대에도 계속되고 있다. 특히 정부 Public Relations(PR)의 일환으로 정부의 정책을 선전하는 일은 오랫동안 있었다(강정석·이재호·최호진, 2010). 미군정으로부터 독립할 때인 1948년부터 공보처(비서실, 공보국, 출판국, 통계국, 방송국으로 구성됨)가 정부정책을 소개했었다. 그러다 공보처는 1956년에 폐지되고 대통령 소속의 공보국으로 변했다. 그 후 1961년에 공보부가 신설되었고 1968년 문화공보부로 개편되었다. 이처럼 꾸준히 이름과 기능을 유지하다가 1990년 문화공보부에서 공보처로 다시 분리된다. 그 후 1998년에 공보처는 공보실로 바뀌었고 이듬해인 1999년에 공보처는 국정홍보처로 이름을 바꾸어 개편되었다. 그 후 2008년에 국정홍보처는 문화관광부에 통합되어 폐지되었다(국가기록원, 2014).

국정홍보처가 폐지되었다고 정부가 홍보를 하지 않는 것은 아니다. 한때 <대한늬우스>를 제작하던 국립영화제작소의 후신인 한국정책방송원(KTV 국민방송)이 포괄적으로 정부정책에 대한 내용을 보도하고 있다. 또한 입법부의 뉴스를 전하는 국회방송도 있다. 이러한 방송국에서 보도하는 내용은 정부에서 하는 일을 시청자들에게 알리는 것이다.

방송국 이외에도 정부에서는 정부가 소유한 정보를 일반 시민들이 쉽게 열람할 수 있도록 홈페이지를 개설하고 운영하고 있다. 예를 들어 정책정보를 한눈에 볼 수 있는 대한민국 정책브리핑(www.korea.kr), 정책연구물을 한 곳에서 볼 수 있는 프리즘(www.prism.go.kr), 각종 통계자료가 확인할 수 있는 국가통계포털(kosis.kr), 정부가 보유한 여러 정보를 열람할 수 있는 공공데이터포털(www.data.go.kr) 등이 있다.

또한 각 부처나 각 지방자치단체에서 각각의 정책을 홍보하고 있다. 눈여겨 볼 점은 근래 뉴미디어에 발맞추어 중앙정부부처와 지방자치단체에서 새로운 시도를 하고 있다는 점이다. 유튜브, 인스타그램, 페이스북, 트위터를 통해서 정부기관이 직접 시민들과 소통하려고 노력 중이다.

자발적 공개의 특징은 정부가 수행한 일 중에서 잘한 일을 중심으로 알리는 것이다. 물론 자발적 공개의 모든 정보가 긍정적인 것은 아닌 데, 이는 법에 의해 어쩔 수 없이 공개되는 경우일 때 종종 일어난다. 법으로 정보공개가 강제된 것은 소극적 투명성과 관련이 깊다(Grimmelikhuijsen, et al., 2018). 때로는 정부에서도 실정을 인정하는 경우도 있는데 이 경우에는 좋지 않은 성과가 나온 이유를 설명하는 경우가 많다.

2. 정보의 자유(Freedom of information)

정보의 자유는 시민이 접근할 수 있는 정보원으로부터 자기에게 필요한 사항을 알 수 있는 것이고 이는 투명성을 증진시킨다(허영, 2002; Berliner 2014; Worthy, 2010; Grimmelikhuijsen, et al., 2018). 그리고 정부에 대한 정보를 시민에게 알리면서 정부의 책무성을 확립하는 데 중요한 역할을 한다(Ackerman & Sandoval-Ballesteros, 2006).

정보자유권은 표현의 자유의 기반이 되기에 기본적인 인권으로 여겨진다(이명진 · 문명재, 2010; Lor & Britz, 2007). 이 정보자유권은 정부투명성의 민주적 그리고 헌법적 가치를 담고 있다(Piotrowski & Rosenbloom, 2002). 정보에 대한 접근은 사람들이 스스로 판단할 수 있는 선행조건이기 때문에 중요하다(Crain, 2018). 그리고 정보의 자유는 헌법에 명시된 언론출판의 자유의 근본적 내용으로 정부가 일체의 정보를 공개하지 않는 것은 정보의 자유를 침해하는 것이며 민주주의 존립을 거부하는 위헌적인 조치이다(계희열, 1998). 표현의 자유뿐만 아니라 광범위하게 보았을 때는 정보자유권은 행복추구권에까지 연결이 된다(이상천, 2010).

정보자유권은 알권리와 혼용될 정도로 긴밀히 연관되어 있다. 알권리란 의사형성을 위하여 정보원으로부터 정보를 수령, 수집, 처리할 수 있는 권리이다(강동욱, 2017). 헌법적으로 인간의 존엄과 가치, 행복추구권, 언론, 출판의 자유에 근거한다(성낙인, 1998). 알권리는 정보원에 대한 접근 파악할 수 있고, 여러 정보가 세상에 도정되어 더 나은 의견을 도출하는데 도움을 준다(권영호, 1993). 알권리는 국민이 일반적으로 접근할 수 있는 정보원으로부터 정보를 수집하고 언론기관이 취재활동을 할 수 있는 권리를 의미하며, 헌법과 법률에 의하지 않는다면 제한받지 않는 자유권의 성격을 가진다. 또한 정보를 구할 권리는 정보수집권과 정보공개청구권으로 나누어 볼 수 있다(성낙인, 1998).

알권리는 일반적으로 접근할 수 있는 정보원으로부터 자유롭게 정보를 수령, 수집할 수 있는 자유권임과 동시에 국가기관 등에 대하여 정보의 공개를 청구할 수 있는 청구권으로서의 성격을 가진다

(박진완, 2019). 이 알권리는 여러 가지 조건에 의해 제한되고는 하는데 프라이버시 권리, 저작권, 공정재판권, 미풍양속의 보호 등과 갈등할 수 있다(서정우, 1993). 우리나라는 독일처럼 헌법에 알권리를 특정 지은 문구는 없지만 헌법 21조 1항이 알권리를 지칭한 것으로 이해되고 있다(권영호, 1993). 헌법 21조 1항에 따르면 "모든 국민은 언론·출판의 자유와 집회·결사의 자유를 가진다." 이 조항의 언론·출판의 자유가 알권리와 연관이 된다. 이에 대해서 우리나라 헌법재판소는 언론출판의 자유는 사상 또는 의견의 자유로운 표명(발표의 자유)과 그것을 전파할 자유(전달의 장)를 의미하는 것으로 보았다. 그리고 이는 자유로운 의사의 형성을 전제로 하는데 자유로운 의사의 형성은 충분한 정보에의 접근이 보장됨으로써 비로소 가능하므로 알권리는 표현의 자유에 당연히 포함된다고 보았다(1989.9.4. 88헌마22). 그리고 간접적으로 알권리는 행복권과 개인의 기본적인 인권을 명시한 헌법 10조와 연관이 있다(권형준, 1995).

홍준형(1992)은 알권리를 소극적 알권리와 적극적 알권리로 나누어 보고 있다. 소극적 알권리는 정보의 자유를 말하고 적극적 알권리는 정보공개청구권을 말한다. 구체적으로 알권리는 소극적인 의미로서 접근할 수 있는 정보를 받아들이고, 받아들인 정보를 선택할 수 있는 것이고 적극적 의미로는 의사형성에 필요한 정보를 수집할 수 있는 권리이다(성낙인, 1998). 그리고 정보공개청구권은 일반적 공개청구권과 개별적 공개청구권으로 구분할 수 있다. 일반적 공개청구권은 공권력을 지닌 기관이 가진 정보에 일반시민과 언론기관이 정보를 요구하는 것이다. 개별적 공개청구권은 청구대상의 정보가 개인정보일 경우를 뜻한다.

정보자유권은 주로 정보공개법(Freedom of Information Act)으로 구현된다. 흔히 줄여서 FOIA라고 불리는 정보공개법은 시민과 비정부

단체가 정부정보에 접근할 수 있는 권한을 부여한 법이다(Roberts, 2000). 정보공개법이 없을 때는 시민들이 정보를 신청해도 정부는 법에 근거해서 행동하기 때문에 공개하는 것에 난색을 보일 때가 많았다.

정보자유권과 관련하여 선도적인 위치를 점하고 있는 나라는 미국으로 1966년에 정보공개법을 제정하였다. 다만 정보공개가 예외되는 조건이 있었다. 첫째는 외교나 국가안보와 관련된 정보다. 둘째는 오로지 기관 내 인사행정에 관한 내규일 경우이다. 셋째는 다른 조항에 의해서 보호되고 있는 정보이다. 넷째는 무역, 상업, 금융과 관련된 비밀이다. 다섯째는 법에 의해 공개하라고 명시되어 있지 않은 정부간,[1] 정부 내 교신내용이다. 여섯째는 개인의 신상정보이다. 일곱 번째는 법규율을 위해서 보관한 자료이다.[2] 여덟 번째는 금융기관에 대한 감사나 규율에 대한 정보이다.

이후 1974년에 여러 가지 보완책을 반영한 수정안이 국회에서 통과되었다. 우선 정보 청구가 들어올 경우에 제한된 시간에 응답해야만 한다는 조항을 넣었다. 그리고 법원에게 자료의 기밀성 여부를 판단할 권한을 주었다. 또한 수사 중이여서 밝힐 수 없는 부분의 범위를 줄였다.

미국 정보공개법과 관련하여 유의하게 볼 필요가 있는 특징이 글로마 거부(Gloma denial)라는 것이다. 글로마 거부의 요지는 기록이 있다고도 없다고도 답하지 않겠다는 것이다(경건, 2017). 이 글로마

1) 여기에서 정부간(Intergovernmental)이란 해외 정부가 아니라 중앙정부와 지방정부사이 혹은 지방정부와 지방정부 사이를 말한다.

2) 구체적으로 여기에서 예외로 인정하는 것은 첫째, 현재 수사 중인 기록이다. 둘째, 공개하는 것이 공정한 재판의 기회를 박탈할 경우에도 해당된다. 셋째, 사생활의 침해가 벌어질 수 있을 때이다. 넷째, 비밀의 출처가 드러날 수 있을 때이다. 다섯째, 기록이 밝혀질 경우, 수사의 전략이 노출될 수 있거나, 법을 피할 수 있는 방법을 알 수 있을 때이다. 여섯째는 수사 자료가 밝혀졌을 때 사람의 안전이 위협당할 수 있을 때이다.

거부가 처음 사법적으로 인정된 것은 1976년 Phillippi v. CIA 소송건에서이다(김배원, 2001).

3. 내부고발

(1) 기본특성 및 연원

내부고발은 정부투명성을 증진시키는 기제로서 대중이 잘 파악할 수 없는 문제점을 조직 내부인이 조직 외부에 알리는 것을 말한다(Coglianese, Kilmartin & Mendelson, 2008). 구체적으로 내부고발은 조직 구성원이 조직내부에서 일어난 부정부패, 불법행위, 예산낭비 및 공공안전과 건강에 대한 심각한 위험을 발견하고 이를 알리는 행위를 말한다(이자성, 2014). 대개 조직 내에 있는 사람이 조직의 불법적인 내용을 언론이나 일반 시민에게 알리는 것을 통칭한다. 그러므로 조직 내에 있는 사람이 조직의 합법적인 내용을 언론에 알리는 것은 내부고발자에 해당되지 않는다. 이는 오히려 조직의 미담을 알려주는 것으로 환영받을 수 있다.

내부고발을 바라보는 대조적인 관점이 있다. 내부고발은 이론적으로는 조직 내부의 병폐를 알려 조직을 개선할 수 있는 기회를 주는 순기능을 하지만, 현실적으로 내부고발을 하는 사람은 배신자로 낙인찍히고 민형사 고발을 당하는 경우가 많다(곽관훈, 2014). 그리고 도덕적, 자기희생적인 행동으로 보는 시선과 이해타산의 산물이라는 시선이 있다(이시영, 외. 2017).

내부고발이 비난을 극복하고 정당성을 얻으려면 다섯 가지 조건이 필요하다(전천운, 2003, 143쪽). 첫째, 내부고발은 개인의 이익을 위한 것이 아니어야 한다. 둘째, 내부고발행위는 공공의 이익과 연관되어야 한다. 셋째, 내부고발은 충분한 증거와 입증자료에 근거해야지 특정인에 대한 개인적 감정으로 근거 없이 곤란하게 만들려고 고발하는 것은 해당하지 않는다. 넷째, 조직 내부에서 잘못된 관행을 시정하기 위해 충분한 노력을 했어야 한다. 다섯째, 내부고발자는 윤리성과 공익성에 입각하여 부정과 비리를 교정할 목적이 있어야 한다.

내부고발에 대한 제도적 장치가 잘 되어 있는 미국을 중심으로 실질적 예를 살펴보도록 하겠다. 부정부패를 밖으로 알리는 것을 처음으로 법제화한 것은 1886년 부정청구금지법(False Claim Act)으로 정부계약을 하는 기업의 비리를 고발하면 정부 환수액의 일부분을 보상해준다는 것을 골자로 하고 있다(이자성, 2014). 행정부 내에 있는 부조리를 고발하는 사람들을 보호하기 위한 법안의 시초는 1978년 공직개혁법(Civil Service Reform Act of 1978)으로 법과 규칙의 위반, 막대한 재원낭비, 국민의 건강과 안전에 대한 실질적인 위협, 그리고 권한남용 등에 대해서 고발한 사람을 보호하는 조항이 있다(박흥식, 1994). 공직개혁법 조항의 내부고발자 보호부분을 발전시킨 것이 1989년의 내부고발자 보호법(Whistle Protection Act of 1989)이다(배효진, 2011). 종전에 실적제도 보호위원회(Merit System Protection Board) 소속의 특별조사국이 내부고발에 대한 업무를 다루었지만 내부고발자 보호법에서는 행정부 내의 독립된 기관을 창설하여 내부고발문제를 해결하려고 했다(박흥식, 1994).

내부고발자 보호법이 투명성을 높이는 데 큰 역할을 하였지만 한계점도 분명히 있다. 기본적으로 이 법은 연방정부에만 적용되고 입법부에는 적용이 되지 않는다(Relyea, 2009). 그러나 투명성을 확고히 늘리기 위해서는 연방정부는 물론이고 관련 일체의 정부공공기관을 포함해야 할 것이다.

내부고발자 보호법이라는 큰 법 이외에 다른 법에서도 내부고발자에 대한 보호를 규정하고 있다. 1978년 공직개혁법 이전에도 직장안전보건법(Occupational Safety and Health Act)에서는 1970년부터 내부에서 문제점을 지적하는 근로자를 보복하면 안된다는 조항이 있었다. 그리고 1972년에 실행된 연방물오염관리법(Federal Water Pollution Control Act)에 따르면 수질오염을 신고한 근로자를 보복하는 것을 막게 되어 있다. 이 외에도 불법금융거래를 신고한 근로자나 기업을 보호하는 Sabanes-Oxley법 등 다양한 분야의 법조항이 각각의 분야에서의 부정적인 일을 고발하는 사람을 보호하려고 고안되었다.

내부고발자 보호법 같은 여러 제도적 장치를 통해서 내부고발자를 보호하고 문제점을 노정시키는 내부고발을 활성화시키려 노력하였다. 하지만 여러 가지 한계가 있다. 가장 큰 문제점은 권력의 핵심에 있는 사람이 불법적인 일을 지시하였을 때 일어난다. 최고위층급 공직자가 불법적인 일을 했을 때 이를 인지한 사람이 있다면 공식적인 내부고발자 보호법이 있더라도 쉽게 고발하기 어렵다. 권력층에서 정치적 자산을 총동원하여 고발자를 위협하고 고발내용을 형해화시켜 버릴 수 있다. 이러한 경우에 내부고발을 하려는 사람은 정부 내부에 신고를 하지 않고 곧바로 언론에 정보를 알리는 경우가 있다.

내부고발을 하는 사람에게 종종 구성원들은 적대감을 보인다. 내부고발자가 조직에서 중심적인 위치를 점할수록, 합리적일수록 적대감이 덜하고, 내부고발 내용이 지배세력과 연관이 클수록, 광범위할수록, 요구하는 변화정도가 클수록, 외부경로를 의존할수록 적개감이 크다(오광석, 1997). 높은 지위의 사람일수록 내부고발을 해도 보복강도가 줄어든 것은 전천운(2003)의 연구에서도 확인되었다. 이러한 측면에서 내부고발이 사회적인 문제가 되지 않고 조직의 순기능으로 작용하기 위해서는 최고경영자의 의지가 중요하다(윤혜진, 2018).

내부고발에 대한 문제해결도 조건에 따라 다르다. 내부고발자가 중심적인 위치에 있을수록, 고발내용이 합리적일수록 문제해결 가능성이 크고, 요구하는 변화가 적을수록, 조사내용이 독립적이지 못하고 중심세력과 연관이 많이 될수록 문제해결이 어렵다(오광석, 1997). 그리고 내부고발에 있어서 가장 관건이 되는 것은 신뢰의 문제이다. 고발하려는 곳을 신뢰하냐 하지 않느냐에 따라서 공익신고자는 고발을 할 것인지 말 것인지를 결정한다(김경석, 2018). 문제해결을 하는 것도 어떠한 기관 혹은 리더가 신뢰 있게 행동하느냐에 달려있다.

정부 내의 부정부패를 고발한 사람에 대한 인사처리는 크게 원상회복전략과 전보전직전략이 있다(윤종설 · 김정해, 2004). 우선 원상회복전략은 내부고발자의 인사 불이익이 있을 경우에 예전 직장으로 복귀시키는 방법이다. 반면에 전보전직전략은 내부고발자를 고발한 조직으로부터 다른 조직으로 전직시키는 것이다. 원상회복전략은 내부고발한 사람이 기존의 조직에서 계속 일하게 되므로 현실적으로 다른 사람들의 눈총을 받을 수밖에 없는 상황에 놓이게 되는 경우가 많다.

(2) 내부고발의 특이한 사례-위키리크스와 스노든 케이스

전 세계적으로 수많은 내부고발의 예가 있다. 그 중에서 가장 전 세계적으로 파급력이 컸던 위키리크스의 사례를 소개한다. 위키리크스는 전 세계의 여러 정부가 가지고 있던 정보를 온라인에 공개하여 세상을 떠들썩하게 하였다. 위키리크스는 2006년에 설립된 익명의 제보자가 제공하는 정보를 발표하는 내부고발 비영리 웹사이트이다(Beyer, 2013). 위키리크스가 세계의 주목을 받기 시작한 것은 미군의 헬리콥터가 계획된 타격물 외에 시민들을 사격하는 비디오를 공개하면서이다(Benkler, 2011).

위키리크스가 미국에 관한 내용만을 공개한 것이 아니라 세계 각국 정부의 기밀을 통째로 공개하였기 때문에 위키리크스의 정보공개에 대해서 여러 정부는 일제히 비판했다. 특히 미국정부는 위키리크스가 공개한 정보 때문에 효과적으로 테러활동을 탐지 및 저지하지 못했다고 비난하였다. 이러한 위키리키스에 대해서 Roberts(2012)는 급진적 투명성(Radical transparency)이라고 지칭하고 이들이 하는 행위는 해석의 과정을 거치지 않기 때문에 한계가 있다고 주장하였다.

반면에 비정부기구에서는 위키리크스의 활동을 긍정적으로 평가하였다. 예를 들어, Amnesty International에서는 위키리크스에 뉴미디어(New Media)상을 수여하였다. 그리고 창립자인 줄리안 어산지(Julian Assange)를 지지하는 측에서는 정부에서 불법적인 일을 숨기는데 위키리크스 덕분에 문제점을 알 수 있었다고 보았다.

내부고발의 예를 드는 데 위키리크스를 이야기하는 것은 브래들리 매닝(Bradley Manning) 사건 때문이다.[3] 브래들리 매닝은 군대에서 관리하던 자료를 위키리크스에 넘겼고 줄리안 어산지가 여과없이 폭로를 해버린 것이다.

리크(Leak)는 기본적으로 공무원이 비밀정보를 언론에 익명으로 흘리는 것(de Jong & de Vries, 2007)이다. 그런데 줄리안 어산지가 리크(Leak)와의 가장 큰 차이점은 내부고발자는 조직 내의 불법적인 요소를 밖으로 알리는 데 반해 리크는 불법적 요소는 물론이거와 합법적인 내용도 동시에 쏟아내는 것이다.

전 세계적으로 또한 논란이 된 것은 스노든(Edward Snowden) 사건이었다. 스노든은 사기업인 부즈 알렌 헤밀턴(Booz Allen Hamilton)

3) 브래들리 매닝(Bradley Manning)은 차후 첼시 매닝(Chelsea Manning)으로 성전환 및 개명을 하였다.

에서 일하던 직원이었다. 그는 일을 하면서 정부기관인 National Security Agency(NSA)에서 불법적으로 시민들의 생활을 감청하고 있다는 사실을 알게 되었다. 이에 그는 NSA가 불법행위를 하고 있다는 증거를 무단으로 가지고 홍콩으로 잠적한다. 홍콩에서 그는 영국 언론사인 가디언(Guardian)과 접촉하고 그가 인지한 NSA의 불법적인 행위에 대해 폭로한 후 궁극적으로 그는 러시아로 피신하게 된다.

이 일로 스노든은 영웅과 배신자라는 칭호를 동시에 얻었다. 그를 영웅으로 보는 입장에서는 그 덕분에 정부가 불법적인 행동을 하는 것을 알게 되었다는 것이다. 반면에 그를 배반자로 보는 입장에서는 그의 행동으로 인하여 NSA의 핵심적인 기능이 노출되었고 미국의 전력이 저해되었다는 것이다.

스노든의 경우에 매닝의 위키리크스와는 다른 점은 스노든은 기존 언론사와 협의를 통해서 불법적인 부분만 공개한 것이다. 그리고 브래들리 매닝이 에드워드 스노든과 다른 점은 브래들리 매닝은 군인이었다는 점이다. 반면에 에드워드 스노든은 공공기관이 일터이기는 했지만 사설 기업체의 직원이었다. 공통점으로는 이들로 인하여 내부의 정보가 노정되었고, 정부에서는 의도하지 않은 투명성이 생겼다고 볼 수 있다.

(3) 우리나라에서의 내부고발

우리나라에서 내부고발자를 보호하려는 제도적 장치를 체계적으로 한 것은 2002년 <부패방지법>부터였다. 그 후 2011년에 <공익신고자보호법>이 제정되었다.[4] 중앙정부뿐만 아니라 서울시가 <공익

---

4) 내부고발자와 공익신고자는 혼용된다. 다만 최근에는 조직 외부에서도 고발이 가능하다는 점에서 공익신고자를 단어를 더 이용하기도 한다(권수진 · 윤성현, 2016). 하지만 본서에서는 내부고발이 그동안 오랫동안 사용되어 왔기 때문에 공익신고자와 혼용하기로 한다.

제보 보호 및 지원에 관한 조례>를 2013년에 제정하는 등 지방자치단체도 공익제보자의 보호를 위한 노력을 경주하고 있다.

가장 최근 개정되어 실행된 2018년의 <공익신고자보호법>에 따르면 공익신고자보호법의 목적은 공익을 침해하는 행위를 신고한 사람 등을 보호하고 지원함으로써 국민생활의 안정과 투명하고 깨끗한 사회풍토의 확립에 이바지하는 것이다. 공익신고라고 함은 '비위행위 또는 공공의 이익을 침해하는 행위를 외부에 알리는 것으로 구체적으로 공익신고는 공익을 목적으로 한 법규를 위반한 사례나 사회적으로 위험한 정보를 권한 있는 기관에 알리는 것을 말한다(권수진 · 윤성현, 2016). 이 법에 의하면 공익을 침해하는 행위는 국민의 건강과 안전, 환경, 소비자의 이익, 공정한 경쟁 및 이에 준하는 공공의 이익을 침해하는 행위로 광범위하게 지정되었다. 그리고 이 법은 공익신고를 공익침해행위가 발생하였거나 발생할 우려가 있다는 사실을 신고, 진정, 제보, 고소, 고발하거나 이에 대한 수사의 단서를 제공하는 행위로 규정하였다.

공익신고를 한 사람들은 다양한 형태로 불이익을 받게 마련이다. 공익신고자보호법은 공익신고자가 받을 수 있는 불이익을 막고자 불이익을 폭넓게 예시하고 있다. 그 예는 다음과 같다: ① 파면, 해임, 해고, 그 밖에 신분상실에 해당하는 신분상의 불이익조치; ② 징계, 정직, 감봉, 강등, 승진 제한, 그 밖에 부당한 인사조치; ③ 전보, 전근, 직무 미부여, 직무 재배치, 그 밖에 본인의 의사에 반하는 인사조치; ④ 성과평가 또는 동료평가 등에서의 차별과 그에 따른 임금 또는 상여금 등의 차별 지급; ⑤ 교육 또는 훈련 등 자기계발 기회의 취소, 예산 또는 인력 등 가용자원의 제한 또는 제거, 보안정보 또는 비밀정보 사용의 정지 또는 취급 자격의 취소, 그 밖에 근무조건 등에 부정적 영향을 미치는 차별 또는 조치; ⑥ 주의 대상자 명단 작성 또는 그 명단의 공개, 집단 따돌림, 폭행 또는 폭언, 그 밖에 정신적·신체적 손상을 가져오는 행위; ⑦ 직무에 대한 부당한 감사 또는 조사나 그 결과의 공개; ⑧ 인허가 등의 취소, 그 밖에 행정적 불이익을 주는 행위; ⑨ 물품계약 또는 용역계약의 해지, 그 밖에 경제적 불이익을 주는 조치가 포함된다. 이렇게 적어도 형식적인 법에서는 불이익을 받을 수 있는 예를 광범위하게 인정하여 내부고발자에 대한 피해를 보호한다.

법에서 말하는 내부 공익신고자는 공공기관, 기업, 법인, 단체 등에 소속되어 근무하거나 근무하였던 자를 포함한다. 주목해야 할 부분은 현직에 있는 사람뿐만 아니라 퇴직한 사람도 문제점을 고발할 수 있다는 것이다. 그리고 내부고발자가 꼭 고발할 기관에 소속되어 일할 필요도 없다. 공사, 용역 등 각종 계약에 따라 기관에 대한 업무를 수행하거나 했었던 사람도 내부고발자에 포함된다.

공익신고자보호법에 따르면 정부는 공익침해행위의 예방과 확산 방지를 위해 노력하고 공익신고자를 보호하고 지원하도록 되어있다. 정부뿐만 아니라 사기업 역시 직장 내 공익신고자를 보호할 수 있는 여건을 조성하도록 노력해야 한다고 규정되어 있다. 문제는 이 법령이 실제로 어떻게 효과적으로 시행되느냐에 달려있다. 이는 우리나라만의 문제가 아니라 범세계적인 문제로 많은 학자와 실무자들이 내부고발자가 피해를 적게 받고 내부고발이 배신행위가 아님을 주지시키는데 노력하고 있다.

국민권익위원회[5]가 주관부처로 공익신고에 대한 업무를 처리한다. 국민권익위원회에서는 ① 공익신고를 접수하고, ② 공익신고자에 대한 비밀보장 및 신변보호에 대한 사항에 대한 사무를 처리하며, ③

5) 국민권익위원회의 전신은 부패방지위원회(2001~2006)이다. 부패방지위원회는 국가청렴위원회(2006~2008)로 이름을 바꾸었다가 지금의 국민권익위원회가 되었다.

공익신고자에 대한 불이익조치를 금지하고, ④ 공익신고자에 대한 보상금 지급을 결정하고, ⑤ 공익신고자 보호제도에 대한 교육 및 홍보에 대한 일을 한다.

법령이나 규정에는 공익신고자를 보호할 수 있도록 제도화되어 있지만 여전히 부족한 점이 많다. 예를 들어, 국민권익위원회에서는 공익신고자, 그 친족 혹은 동거인이 공익신고를 이유로 생명과 신체에 중대한 위해를 입었거나 입을 우려가 명백할 경우에는 경찰서에 신변보호조치를 요청할 수 있다. 문제는 중대한 위해를 어떻게 해석하는지와 얼마나 신속하게 공익신고자를 보호할 수 있는가의 문제이다. 국민권익위원회에서 내부고발자의 위협을 당사자와 달리 느슨하게 해석하여 경찰에 보호를 요청하지 않을 수 있다. 그리고 국민권익위원회에서 고발자가 위협에 처했다고 인지하여 경찰에 요청을 했지만 경찰이 인력부족을 이유로 제대로 보호하지 못할 수도 있다. 이렇게 법조문이나 규정만으로는 볼 수 없는 현실적인 문제가 법의 실효성을 떨어뜨릴 수 있다.

실제로 공익침해가 발생하였을 때 공익신고자는 아래와 같이 공익신고를 할 수 있다. 첫째, 공익침해행위가 일어난 기관의 대표자에게 신고를 할 수 있다. 이 경우 문제가 원만하게 해결될 경우에는 가장 이상적이지만 그렇지 못할 가능성이 크다. 그래서 가장 비현실적인 방안이기도 하다. 조직 내에 문제가 생겼을 때 명령체계(Chain of command)에 따라 바로 윗상급자에게 보고해서 문제를 해결하는 것이 상식적이다. 하지만 종종 문제를 해결하기보다는 발견한 사람을 입막음하려는 경우가 발생한다. 이 경우에 조직구성원은 명령체계를 뛰어넘어 최상급자에게 보고를 할 경우가 있는데 이는 상당한 위험부담을 가진다.

둘째, 공익침해행위에 대한 감독권한을 가진 행정기관에게 신고하는 것이다. 이 경우에는 사기업에 있는 사람은 관련 정부기관에 신고를 하는 것이다. 문제는 정부기관에서 일하는 공무원이나 정부 일을 수주 받아서 하는 사람은 제대로 공익신고를 하기 어렵다는 점이 있다. 셋째는 불법을 인지한 사람이 검찰이나 경찰 등 수사기관에 직접 신고하는 것이다. 마지막으로는 공익신고를 주로 담당하는 국민권익위원회에 신고를 하는 것이다.

공익신고를 하려는 사람은 공익신고자의 이름, 주민등록번호, 주소 및 연락처 등의 인적사항과, 공익을 침해하는 사람과 내용, 그리고 공익신고를 하려는 이유를 적어서 증거와 함께 제출해야 한다. 하지만 개인정보를 밝히면서 내부 문제점을 고발하기에는 현실적으로 고발을 하려는 사람의 부담이 너무 크다. 그렇기 때문에 익명성을 보장할 필요가 있다. 이러한 이유로 법에서는 익명성을 보장한 채 신고하는 길을 열어놓고 있다. 공익신고자는 변호사를 선임하여 공익신고를 할 수 있다. 이 경우에 공익신고자 대신 변호사의 인적사항을 기입하고 필요서류를 제출하게 된다.

공익신고자의 제보를 받아서 조사를 한 관계 기관은 다음과 같은 조치를 취할 수 있다. ① 제품의 제조, 판매중지, 회수 또는 폐기를 할 수 있고, ② 영업정지 및 자격정지를 내릴 수 있고, ③ 그 외 해당 공익침해행위를 제거하고 예방하기 위해 필요한 조치를 취할 수 있다.

하지만 조사과정에서 다음과 같은 이유가 있을 경우에는 조사를 중단할 수 있다. 우선 공익신고의 내용이 명백하게 거짓인 경우이다. 때로는 현실에서 기업이나 정부가 무고한 주장에 의하여 이유 없이 비난을 받는 경우가 있다. 이러한 부작용을 막기 위해서 신고된 내용이 분명한 거짓인 경우에는 바로 수사를 멈출 수 있다.

또한 공익신고자의 인적사항을 전혀 알 수 없을 때도 수사를 진행시키지 않는다. 익명성을 악용하여 고발을 하는 경우에 내용이 진실이든지 아니든지를 떠나서 기업의 영업을 방해하고 손실을 입힐 수 있다(신광식 · 박홍식, 2009). 이런 경우를 미연에 방지하고자 공익신고자가 신고서나 증명자료에 대한 보완 요구를 2회 이상 묵과할 경우에 수사를 중지한다.

또한 공익신고자의 인적사항이 불분명한 경우에도 수사를 진행시키지 않는다. 여기에서 중요하게 구분해야 할 점은 인적사항을 분명하게 적시해야 한다는 것이 내부고발자의 인적사항을 공공연하게 밝히겠다는 것은 아니라는 점이다. 인적사항을 알더라도 조사를 진행할 때 <특정범죄신고자 등 보호법> 제7조와 제9조를 준용하여 밝히지 않고 진행한다.

그리고 공익신고에 대한 처리 결과를 통지받고 정당한 사유 없이 다시 신고하는 경우에도 수사를 진행하지 않는다. 또한 공익신고의 내용이 새로운 것이 아니라 이미 언론매체 등을 통하여 공개된 내용에 해당하고 이미 공개된 내용 외에 새로운 증거가 없는 경우에도 중복이 되므로 수사를 중단한다. 같은 내용이 다른 법령에 따라 해당 공익침해행위에 대한 조사가 시작되었거나 이미 끝난 경우에도 조사를 중단한다.

공익신고를 머뭇거리게 하는 이유 중 하나는 공익신고자가 부정한 행위에 연루되어 있을 때이다. 부정한 일을 인지하게 되는 근본적인 이유 중 하나가 부정한 일을 단순히 목격하기보다는 실제로 수행하기 때문이다. 공익신고를 할 만한 부정행위는 조직 내에서도 암묵적으로 이루지기 마련이다. 부정행위를 지시받고 수행하면서 문제점을 느낀 사람이 내부고발을 해야 하는데 공익신고를 하게 되면 고발을 한 당사자도 처벌받게 되는 구조가 되어버린다. 그래서 부정행위를 고발하기 더 어려워진다. 이러한 이유로 공익신고자보호법에서는 공익신고와 관련하여 공익신고자의 범죄행위가 발견된 경우에는 형을 감경하거나 면제해준다. 그리고 공익신고 내용에 직무상 비밀이 포함된 경우에도 공익신고자는 직무상 비밀 준수 의무를 위반하지 않은 것으로 본다. 또한 신고를 당한 조직은 공익신고로 손해를 입었다고 공인신고자에게 손해배상을 청구할 수 없다. 이러한 조치 등을 통해서 조직 내 불법행위를 인지한 사람들이 쉽게 공익신고를 할 수 있게 하였다.

이와 같은 법조항에도 불구하고 많은 공익신고자들은 명예훼손, 경제적 손실, 사법적 조치(실정법 위반으로 고소당함), 따돌림, 징계, 해고, 물리적인 협박을 겪고 있다(신광식 · 박흥식, 2009). 공익신고의 혜택은 사회 전반에 펼쳐져 구현된다. 반면에 공익신고의 피해는 소수의 신고자에게 집중된다. 공무원을 대상으로 한 조사에 따르면 내부신고제도에 대해서 알고는 있으나 실제로 할 의향은 적은 것으로 나타났다(장용진 외., 2012). 정부에서는 이러한 불균형을 조정할 필요가 있다.

추징금, 과태료, 이행강제금, 과징금 등이 들어와서 국가에 직접적인 수입의 회복이나 증대를 가져올 때에는 내부고발자는 보상금 지급을 신청할 수 있다. 또한 국민권익위원회는 국가의 재산상 이익을 가져오거나 공익의 증진을 가져오는 경우에 포상금을 지급할 수 있다고 규정했다. 그리고 공익신고로 인하여 육체적, 정신적 치료 등에 사용된 비용, 전직 등으로 사용된 비용, 쟁송절차에 사용된 비용, 불이익조치 기간의 임금손실액 등, 피해를 받았거나 비용을 지출할 경우에 위원회에 구조금을 신청할 수 있다. 정부에서는 보상금이나 포상금을 공익신고자가 더 쉽게 받게하고, 상당한 수준의 금전적인 혜택을 주어야 할 것이다. 그래야 공익신고자들이 자신의 미래를 불안해하지 않고 공익신고를 할 수 있기 때문이다.

제4장

국제기구의 노력

1. UN
2. OECD
3. IMF
4. World Bank
5. WTO
6. 국제 비정부기구

제4장

국제기구의 노력

1. United Nations(UN)

유엔에서는 투명성이 더 나은 거버넌스의 초석이라고 생각하고 투명성을 촉진하는 프로그램을 진행시키고 있다. 이 뿐만 아니라 투명성이 혁신활동을 증진시킬 것이라고 보고 있다. 이러한 장밋빛 전망을 현실화시키고자 여러 가지 조사를 하고 있다.

(1) 전자정부 설문조사(E-government Survey)

유엔에서는 격년으로 전자정부설문조사(E-government Survey)를 실시하여 세계 각국에서 전자정부가 어떻게 이루어져 있는지 파악하고 전자정부지수를 산출하고 있다. 이 지수는 온라인 서비스(Online service) 부분, 통신인프라(Telecommunication infrastructure) 부분, 그리고 인적자본(Human capital)으로 되어 있다. 이 부분을 종합해서 3으로 나누어 전자정부 발전지수(E-government development index)를 도출한다.

전자정부와 가장 깊게 관련 있는 부분은 온라인 서비스 부분이다.

2018년의 경우에는 140개의 온라인 서비스에 대한 질문으로 통해서 온라인 서비스 부분을 측정했다. 질문에 대한 응답은 “예” 혹은 “아니요”였다. 질문 문항은 다음과 같다.

표 4-1 온라인 서비스 측정 항목[1]

온라인 서비스 측정 항목
출산의료보호, 정보, 그리고 교육에 대한 접근에 대한 여성의 권리에 대한 정보
열린정보에 대한 정보
예정된 조달에 대한 정보
예정된 전자참여활동에 대한 정보
청년을 위한 직업능력기술에 대한 정보
사회보장정책 혹은 예산에 대한 정보
제3자와 협력관계에 있는 서비스에 대한 정보
학교와 더불어 이용할 수 있는 시설에 대한 정보
교통사고 통계에 대한 정보
도로안전에 대한 정보
정부조달이나 입찰과정의 결과에 대한 정보
출산보험서비스에 대한 정보
쓰레기 재활용 및 감축에 대한 정보
성별에 따른 공공부문 인력분포에 대한 정보
가난하거나 취약한 계층을 위한 정책에 대한 정보
사생활 보호에 대한 정보
정부지출에 대한 기본정보
공해와 그에 대한 예방조치에 대한 정보
개인데이터 보호에 대한 정보
공공서비스 사용료 납부에 대한 정보

1) 우리나라 실정과 다를 경우에는 되도록 직역에 가깝게 번역했다.

정부조직구조에 대한 정보

국가예산과 예산정책에 대한 정보

지방정부 기관에 대한 정보

차별에 대응하는 법규정에 대한 정보

노동법과 규정에 대한 정보

노인을 위한 주거지원에 대한 정보

건강상 응급상황 대비에 대한 정보

보건정책 및 예산에 대한 정보

정부의 정보총책임자 혹은 그에 준하는 정보

장학금 프로그램이나 교육기금에 대한 정보

양성평등 정책에 대한 정보

장애를 가지고 있는 사람을 위한 교육에 대한 정보

취약한 상황에 처한 어린이 교육에 대한 정보

환경 관련 정책이나 예산에 대한 정보

근로/노동 정책이나 예산에 대한 정보

전기 정전에 대한 정보

교육정책 혹은 예산에 대한 정보

조기아동발달, 육아 교육에 대한 정보

노인에게 영향을 줄 수 있는 질병에 대한 정보

국적 신청에 대한 정보

정부정보접근에 대한 시민의 권리에 대한 정보

구매가능한 공공주택에 대한 정보

접근가능한 대중교통에 대한 정보

포털에 갱신된 정보가 있는지 여부

정책숙의에 참여할 수 방법이 있는지 여부

디지털 신분증을 위한 지원이 있는지 여부

모든 공식 언어의 지원이 있는지 여부

사회 네트워킹 기능이 있는지 여부

포탈의 안전장치가 있는지 여부
검색엔진의 효과성이 있는지 여부
사이트맵이 있는지 여부
검색 혹은 고급검색 기능이 있는지 여부
교육, 고용, 환경, 보건, 사회보장에 대한 열린정부의 데이터가 있는지 여부
공개데이터 경쟁이 있는지 여부
장애가 있는 아이가 각종 교육에 참여할 수 있게 도와주는 온라인 도구가 있는지 여부
청소년/성인을 위한 기술습득 온라인 훈련과정이 있는지 여부
여성가장, 이민자, 난민 혹은 결손가정, 노인, 장애인, 저소득자를 위한 온라인 서비스가 있는지 여부
교육, 고용, 보건, 그리고 사회보장에 대한 공공문제에 대해 온라인 참여가 있는지 여부
교육, 고용, 보건, 그리고 사회보장에 대한 모바일 서비스가 있는지 여부
실시간 도움지원기능이 있는지 여부
기술, 직업, 그리고 고등교육의 연결이 있는지 여부
중앙정부 포탈과 각 부처 교육, 고용, 보건이 연결되어 있는지 여부
도움, 자주 물어보는 질문, 연락처 등이 있는지 여부
청년고용에 대한 참고자료가 있는지 여부
키오스크, 주민센터, 우체국, 도서관에서 무료와이파이를 통해 정부서비스를 접근할 수 있는지 여부
글자 크기, 모양, 색깔, 바탕화면을 설정할 수 있는지 여부
접근성에 대한 기능이 있는지 여부
디지털 안전이나 사이버 안전에 대한 법안이 있는지 여부
스마트폰과 웹 사이트를 연동할 수 있는 브라우저가 있는지 여부
새로운 정책에 영향을 미치는 온라인 공론 결과가 있는지 여부
열린정부 데이터 정책이 있는지 여부
전자조달 플랫폼이 있는지 여부
전자참여에 대한 정책이나 목표강령이 있는지 여부

중앙정부차원의 열린 데이터 포털이 있는지 여부
국가적인 전자정부 전략이 있는지 여부
전자정부 서비스를 제공할 모바일 앱이 있는지 여부
포탈에 데이터 사전이나 메타데이터 저장고가 있는지 여부
포털에 대한 설명이나 안내가 있는지 여부
소득세나 다른 세금을 온라인으로 낼 수 있는지 여부
새로운 데이터를 요구할 수 있는지 여부
각종 차별을 온라인으로 신고할 수 있는지 여부
인신매매, 성착취 등을 온라인으로 신고할 수 있는지 여부
공무원의 비윤리적인 행동을 신고할 수 있는지 여부
노동법 위반을 신고할 수 있는지 여부
온라인으로 차량을 등록할 수 있는지 여부
온라인으로 신규사업을 등록할 수 있는지 여부
교육, 고용, 보건, 사회보장, 기후 혹은 농업기술에 대한 새로운 정보를 받을 수 있는지 여부
환경관련 문제들에 대한 새로운 정보를 받을 수 있는지 여부
수도나 전기요금을 온라인으로 낼 수 있는지 여부
각종 공과금을 온라인으로 낼 수 있는지 여부
기존 정부조달계약을 확인해 볼 수 있는지 여부
온라인으로 주소를 변경할 수 있는지 여부
온라인으로 경찰조서를 작성할 수 있는지 여부
공공서비스에 대한 불만을 쓸 수 있는지 여부
온라인으로 초등 중등 교육에 등록할 수 있는지 여부
온라인으로 사회보장을 신청할 수 있는지 여부
온라인으로 국가장학금을 신청할 수 있는지 여부
온라인으로 신분증을 신청할 수 있는지 여부
온라인으로 혼인증명서를 신청할 수 있는지 여부
온라인으로 토지소유를 등록할 수 있는지 여부

온라인으로 공공기관 직업구직 신청할 수 있는지 여부
온라인으로 환경관련 허가를 신청할 수 있는지 여부
온라인으로 운전면허증을 신청할 수 있는지 여부
온라인으로 사망증명서를 신청할 수 있는지 여부
온라인으로 사업자격증이나 특허를 신청할 수 있는지 여부
온라인으로 건설 허가를 신청할 수 있는지 여부
온라인으로 출생증명서를 신청할 수 있는지 여부
입국하거나 경유할 때 필요한 비자를 신청할 수 있는지 여부
자신의 데이터에 접근하고 고칠 수 있는지 여부

자료: UN(2018). United Nations E-government Survey 2018.

온라인 서비스 외에 정보통신 인프라시설과 인적자원의 수준을 측정한다. 아무리 정부에서 온라인에 정보를 공개한다고 하더라도 적절한 정보통신 시설이 구축되어 있지 않는다면 시민들이 그 정보를 열람할 수 없다. 그리고 정부에서 온라인에 여러 서비스를 제공하고 정보통신시설이 구비되어 있다고 하더라도 정보를 해석할 능력이 시민에게 없다면 정보는 무용지물이 될 것이다. 그래서 유엔에서는 온라인 서비스, 정보통신 시설, 인적자원을 모두 측정을 하는 것이다.

(2) 유엔개발계획(United Nations Development Programme–UNDP)

UNDP에서는 인류의 지속 가능한 성장을 위해서 저소득 국가에 대한 지원을 하고 있다. 이 기관 업무의 핵심은 지원금의 용처가 제대로 알려지지 않는다면 UNDP에 대한 신뢰를 잃을 수 있다는 점이다. 이를 위해서 UNDP는 UNDP 투명성 온라인 포털(https://open.undp.org/)을 운영하고 있다.

이 포털에서는 UNDP가 진행하고 있는 여러 사업을 상세하게 문서로 공개하고 있다. 사업의 이름만 공개할 뿐 아니라 사업의 내용과 예산내역이 얼마나 어떻게 사용되었는지도 시간별로 공개되어 있다. 또한 그 사업에 자금을 지원한 나라(혹은 기관)가 어디인지도 공개되어 있다.

예를 들어, 2021년 아프리카 가나에 어떤 일이 벌어졌는지 알고자, 이 포털 웹사이트에 들어가 가나를 클릭을 하면 24개의 사업이 진행되었음을 알 수 있다. 그리고 총 3.64백만 달러의 예산이 책정되었고 각종 사업에 소요되는 재원은 18개의 국가와 기관으로 조성된 것을 알 수 있다. 이러한 거시적인 정보뿐만 아니라 미시적으로 어느 지역에서 어느 사업이 진행되었는지도 알 수 있다. 각 사업의 내역도 알 수 있는데 사업의 목적이 무엇인지 어떻게 사업의 결과가 측정되는지도 알 수 있다. 또한 사업계획서 및 결과표가 워드와 PDF 파일로 원본이 스캔되어 올라와 있다.

2. Organization for Economic Corporation and Development(OECD)

OECD(Organization for Economic Corporation and Development)도 정부의 운영방식으로 투명성을 강조한다. 그 이유는 투명성이 절차적 정의에 중요한 요소라고 생각하기 때문이다(OECD, 2012). 이 기관은 여러 투명성 종류 중에서 특히 예산투명성(Budget Transparency)에 관심이 있다. 예산 투명성은 크게 3개 부분으로 나누어 파악해 볼 수 있다. 첫째는 정부가 만드는 예산보고서다. 둘째는 예산보고서와 관련된 특별공시 내용이다. 세 번째는 예산보고서의 품질과 신뢰성을 확립하기 위한 제도적 장치이다. 이를 토대로 OECD 재정투명성을 위한 방법론(Toolkit)을 배포하고 가입 국가가 이를 활용하기를 독려하고 있다.

또한 OECD에서는 공기업 지배구조 가이드라인을 제공한다. 공기업을 평가하는 기준 중 한 부분이 투명성이다. 투명성과 관련된 부분은 5가지이다. 우선, 일관되고 종합적인 보고서 작성 및 연차보고서를 발간하는지 여부; 둘째, 효율적인 내부 감사절차를 개발하는지 여부; 셋째, 매년 독립된 외부회계 감사를 받는지 여부; 넷째, 상장기업과 같은 회계 및 감사기준이 있는지 여부; 마지막은 OECD 기업지배구조 원칙에 규정된 모든 주요 사항에 관한 정보를 제공하는지 여부이다.

위의 다섯 가지의 기준을 통해서 공기업의 지배구조가 얼마나 투명한지를 판단할 수 있다. 예를 들어, 허경선・라영재(2011)는 이 기준을 통해서 우리나라 공기업의 투명성 상태를 파악한 바 있다. 구체적으로 그들은 첫 번째 기준에 대해서는 공공기관에 대한 보고서나 인터넷상의 통합경영공시 알리오[2] 시스템을 통해 공공기관 정보를 제공하기 때문에 부분적으로 이 기준을 준수하고 있다고 보았다. 효율적인 내부 감사절차 개발의 경우, 자산 2조원 이상 기관에 감사위원회 설치를 의무화하고 내부감사를 강화한다는 점에서 전반적으로 지켜지고 있다고 보았다. 매년 독립된 외부회계감사의 경우, 우리나라의 상장법인은 독립된 외부회계감사를 받도록 되어 있고 공기업과 준정부기관의 결산이 외부회계감사를 거치고 있으므로 대체로 준수된다고 할 수 있다. 상장기업과 같은 회계 및 감사기준이 있는지 여부는 공기업과 준정부기관에 외부 회계 감사를 받도록 하고 있고 2011년부터 공기업 2013년 준정부기관에 국제회계기준(IFRS)을 적용

---

2) 우리나라 정부에서 운영하는 알리오는 영어로는 ALIO(All Public Information In One)로 공공기관 경영정보 공개시스템을 말한다.

하므로 이 기준은 준수된다고 볼 수 있다. 마지막으로 OECD 기업지배구조원칙에 규정된 모든 주요 사항에 관한 정보를 제공하는지 여부는 알리오나 지속가능경영 보고서 등을 통해서 공공기관의 지배구조관련 정보를 공개하고 있으나 OECD의 추천 리스트를 모두 포함하지는 못한다는 점에서 부분적으로 준수된다고 볼 수 있다.

최근에 OECD는 디지털 정부지수(Digital Government Index)를 발간하고 있다. 이 지표는 기본적으로 정부가 얼마나 디지털화되었는지 보는 것인데 6개의 측면으로 나누어 측정된다. 첫 번째 측면은 정부가 계획적으로 디지털화되어 있는지 여부이다. 이는 정부가 디지털 기술을 이용할 때 이해관계자의 참여와 교류의 통로를 만드는 수준에 달려있다. 두 번째는 공공부문이 데이터에 입각하여 운영되는지 여부이다. 이는 정부가 데이터를 전략적 자산으로 중요히 여기고 의사결정 향상을 위해서 이용하는 것을 말한다. 세 번째는 플랫폼으로서 정부가 운영되는지 여부이다. 공공서비스를 디자인하고 조달하는데 있어서 체계적이고 일관적인 플랫폼이 제공되는지를 보는 것을 말한다. 네 번째는 자연스럽게 개방이 되어야 한다는 것이다. 현재 법이 허용하는 한도 내에서 알고리즘을 비롯한 정책형성과정 및 정부데이터를 공개해야한다. 다섯 번째는 사용자 중심이어야 한다는 것이다. 정부는 사람들의 필요와 편의에 맞추어 과정을 조정할 필요가 있다. 여섯 번째는 적극적이어야 한다는 것이다. 정부는 사람들의 필요에 신속히 응답해야 한다.

3. International Monetary Fund(IMF)

국제통화기금(IMF)에서도 투명성을 강조한다. 특히 재정투명성(Fiscal transparency)을 중시한다. IMF가 <Guide on resource revenue

transparency>에서는 어떻게 해야 재정투명성이 확보되는지 상세하게 설명하고 있다. 우선 크게 4가지 큰 기준이 있다. 첫째는 정부의 역할과 책임의 명확성(Clarity of roles and responsibilities), 둘째는 예산과정의 공개성(Open budget processes), 셋째는 시민들의 정보이용가능성(Public availability of information), 그리고 넷째는 청렴성 보장(Assurance of integrity)이다.

위에서 언급한 네 가지 큰 기준 아래 국제통화기금은 세부적으로 권고사항을 명시했다. 정부의 역할과 책임의 명확성 요소를 살펴보면 다음과 같다. 우선 정부의 구조와 기능이 분명해야 한다. 외국에서 투자하는 입장에서 보면 투자하려는 나라의 정부가 어떻게 구성되어 있는지 아는 것은 중요하다. 비슷한 이유에서 행정부, 입법부, 사법부의 재정적 권한이 잘 정의되어야 한다. 그리고 정부와 공기업의 관계가 잘 정리되어 있어야 한다. 이 뿐만 아니라 정부와 사적영역과의 관계는 법규와 절차에 따라서 공개되어야 한다. 또한 공적자금은 법, 규칙 그리고 행정적 절차에 의해서 관리되어야 한다. 그리고 공적자금에 관련한 법, 규칙, 행정 재량적 부분은 명확해야 하고, 이해 가능해야 한다. 법이 개정되거나 규제가 변할 시에는 충분한 시간을 가지고 논의되어야 한다. 정부와 법인과의 계약은 명확해야 하고 열람 가능해야 한다. 정부의 자산 및 부채 관리는 법적근거가 필요하다.

예산과정의 공개성도 여러 요소로 구성되어 있다. 우선 입법부가 예산안을 충분한 시간을 가지고 검토해야 한다. 매해 예산은 중기적 거시 경제 및 재정틀 안에서 현실성 있게 준비되어야 한다. 재정목표와 규칙은 명확하게 설명되어야 한다. 주요 지출 및 세입에 대해서 설명되어야 한다. 그리고 그것이 어떻게 정책목표 달성에 도움이 되고 경제에 영향을 주는지 설명되어야 한다. 예산에 대한 문서는 재정이 지속가능할 수 있는지에 대한 평가를 포함해야 한다. 경제발전과 정책에 대한 가정은 현실적이어야 하고 분명히 적시되어야 한다. 또한 민감성 분석[3]도 제공되어야 한다. 재정정책이라는 큰 틀 안에서 예산운용에 대한 명확한 메커니즘이 있어야 하고 회계시스템은 재원, 지출, 부채, 자산을 잘 파악할 수 있는 기반이 있어야 한다. 또한 회계연도 중간에 입법부에 예산이 어떻게 운용되고 있는지 보고해야 한다. 예산정보는 분기별로 갱신되어야 한다. 회계연도에 생기는 추가적인 지출과 수입은 원래 예산발표와 맥락에 맞게 입법부에 제출되어야 한다. 그리고 회계감사를 받은 보고서는 입법부에 보고되어야 한다.

IMF에 따르면 예산문서는 중앙정부의 추경예산을 포함한 모든 예산과 관련된 사항을 담고 있어야 한다. 적어도 2년 전의 예산 결과와 앞으로 적어도 2년 후의 예산에 대한 예측관련 정보를 실어야 한다. 중앙정부의 지출, 조건부 채무, 재정활동의 성격과 중요성에 대한 논의가 예산보고서에 담겨야 하며 예산 재원의 출처는 별도로 정리되어야 한다. 중앙정부는 자산과 채무의 정도와 구성요소를 알려야 하고 예산보고는 하위 정부나 공기업의 재정적 상태도 포함해야 한다. 정부는 장기재정에 대한 보고서를 주기적으로 발간해야 한다. 예산에 대한 명확하고 간단한 정리자료가 널리 배포되어야 한다. 정부는 재정정보를 경제적, 기능적, 그리고 행정적인 구분을 하고 재원, 지출 등으로 세분화해서 알려야 한다. 전반적인 정부의 재정수지나 채무는 합산해서 지수화시켜야 한다. 주요 예산정책의 목표에 대해 행정부가 어떠한 결과를 달성했는지를 입법부에 매년 알려야 하며 재정정보가 발표되는 것은 법적으로 보장되어야 한다. 아울러 재

3) 민감성 분석(Sensitivity test)이란 결과를 예측하는데 있어서 제반요소가 바뀌었을 때 결과가 얼마나 변화하는지 보여주는 분석이다.

정정보를 적시에 알리는 것이 필요하다.

예산에 대한 예측이나 업데이트는 거시경제적인 면을 고려하고, 최근 수입과 지출의 추세를 반영해야 한다. 매년 예산은 사회에서 받아들여지는 회계방법에 기반하여 작성되어야 한다. 회계보고서의 자료는 내적으로 일관성이 있어야 하고, 외적으로 다른 자료들과 호환이 가능해야 한다. 재정자료에 대한 중요한 수정사항은 반드시 설명되어야 한다. 공무원 행동에 대한 윤리적인 기준은 분명해야 하고 공표되어야 한다. 공공영역채용에 대한 절차와 조건은 문서화되어야 하고 관련된 사람들이 열람 가능해야 한다. 조달에 관련된 규칙은 열람 가능하여 실제로 볼 수 있어야 한다. 공적 자산의 구매는 공개되어 진행되어야 하고, 주요 구매는 별개로 진행되어야 한다. 정부의 활동과 재정은 정부 내에서 감사되어야 하고, 그 감사절차는 공개되어야 한다. 국가의 재정행정은 정치적인 영향을 받지 말아야 한다. 또한 납세자의 권리를 지켜지면서 대중에게 재정정보를 주기적으로 보고하여야 한다. 국가재정은 감사원이나 그에 버금가는 행정부의 독립적인 기관에게 조사를 받아야 한다. 조사를 맡은 감사원이나 그에 준하는 기관은 입법부에 연례보고서를 제출해야 한다. 독립적인 전문가를 초빙하여 재정예측을 할 필요가 있으며 통계청이 재정정보의 질을 확인하기 위해서 검증할 수 있어야 한다.

4. World Bank

세계은행도 다른 세계기구와 마찬가지로 투명성을 강조하고 있다. 세계은행의 업무 중 하나가 저개발국의 대한 지원이다. 지원받는 나라가 제대로 성장하기 위해서는 지원해주는 자원이 어떻게 쓰이는 지 알아야 한다. 이를 위해서는 지원하는 국가의 투명성이 필수적이다.

세계경제포럼(World Economic Forum)에서는 매년 전 세계 국가를 대상으로 국가경쟁력지수(Global Competitive Index)를 발표한다. 경쟁력 지표는 혁신역량, 사회적 자본, 도로의 질 등 다채로운 세부 항목들로 구성되어 있다. 100개에 가까운 세부 항목 중에서 투명성과 관련이 있는 항목은 예산투명성(Budget transparency)부분이다(Schwab, 2018). 그런데 예산투명성지수는 세계은행(The World Bank)의 자료를 토대로 구성한다. 그만큼 이 자료가 공신력이 있다는 것을 말한다.

세계은행에서는 매해 재정관리정보시스템(Financial Management Information System)을 통해서 세계 각국의 투명성의 상태를 파악하고 있다. 총 20가지의 기준을 통해서 세계은행은 각 나라의 투명성 정도를 측정하고 있다. 그 측정목록은 다음과 같다.

표 4-2 세계은행 예산투명성 측정목록

예산투명성 측정목록
1. 재무부는 재정정보를 공개하는 웹사이트가 있는가?
2. 재정관리정보시스템 웹사이트가 있는가?
3. 재정정보의 근거가 있는가?
4. 재정정보가 시민들에게 의미 있는가?
5. 데이터 목록이 공개되었는가?
6. 연간예산계획이 있는가?
7. 중기적(Mid-term) 세출계획이 있는가?
8. 투자계획이 있는가?
9. 예산실행결과가 공개되는가?
10. 예산과정에 외부감사가 있는가?
11. 온라인에 게시된 세입, 세출에 대한 정보는 얼마나 자세한가?
12. 열린정부 웹사이트가 있는가?
13. 재정관리정보시스템이 지방정부에도 지원되는가?

14. 각 관리정보시스템이 조화를 이루었는가?
15. 재정정보를 공개하는 정부의 여러 웹사이트가 있는가?
16. 재정정보를 접속할 수 있는 웹사이트가 있는가?
17. 재정성과관리 규율은 알려졌는가?
18. 국제적 수준에 이르렀는가?
19. 피드백이나 감시할 수 있는가?
20. 재정정보가 여러 언어로 나오는가?

자료: The WorldBank Financial Management Information System (https://datacatalog.worldbank.org/dataset/fmis-and-open-budget-data-global-dataset)

세계은행에서는 각 정부가 투명성을 가져야 한다고 이야기할 뿐 아니라 스스로 투명성을 확보하기 위한 노력도 하고 있다(Nelson, 2001). 세계은행 같은 국가 간 기관(Intergovernmental organization)의 비밀주의가 지탄받은 것은 오래된 일이다(Roberts, 2004). 세계은행에서 하는 일 중 하나가 개발도상국에 돈을 빌려주는 일을 한다. 그런데 돈을 빌려줄 때의 과정이 불투명하면 기관의 공신력이 떨어질 수 있다. 기관의 공신력을 확립하기 위해서라도 기관 내 투명성은 필수적인 요소이다. 이는 비단 세계은행뿐만 아니라 비슷한 업무를 하는 유관기관도 마찬가지로 적용된다.

5. World Trade Organization(WTO)

세계자유무역을 추구하는 세계무역기구에서도 투명성을 강조하고 있다. 자유무역이 가능하려면 교역상대방에 대해서 알 수 있어야 한다. 가장 중요한 것은 교역국 소비자의 특성이겠지만 그에 못지않게 중요한 것이 상대방 국가의 정책이다. 기본적으로 국가에서는 수입품에 대해서 관세를 부과한다. 그리고 자국에 미칠 부적절한 영향을 주지 않기 위해서 여러 통관과정을 통해서 수입품을 받는다. 만약에 이러한 여러 행정절차나 규제를 모르고 수출을 추진하려고 한다면 기업 입장에서는 난항을 겪을 수 있다. 그러므로 직접 수출하기 전에 상대방 나라에 대해서 제대로 아는 것이 중요하다(Wolfe, 2013). 이를 위해서는 정부투명성이 필수적이다. 게다가 국가간 분쟁이 일어났을 때 문제를 잘 해결하기 위해서는 기구 내의 결정사항이 어떻게 이루어지는지에 대한 투명성도 중요하다(Charnovitz, 2004).

6. 국제 비정부기구

국가가 구성원이 되는 세계기구 외에도 민간이 주도해서 투명성 증진을 위해 노력하는 국제 비정부기구도 있다. 이 국제 비정부기구에서는 국가적인 이해관계로 점철된 세계기구들이 하지 못하는 일들을 하고 있다.

(1) Transparency International

투명성과 관련해 가장 널리 알려진 단체는 Transparency International이다. 이 단체는 1993년에 설립되어 전 세계의 부패를 줄이기 위해 노력하는 국제 NGO이다(이상환, 2002). 이 단체가 투명성이라는 이름을 내세운 것은 투명성을 통해서 부패를 줄이기 위함이다. 이 단체가 투명성이라는 이름으로 국제적으로 활발히 활동하여 투명성이라는 단어가 국제사회에 각인이 되는 역할을 하였다(Ball, 2016).

단체의 이름과는 달리 이 단체에서 발행하는 지수는 부패인식지수(Corruption Perception Index)이다. 매해 전 세계 180여 개국의 부패현황을 발표하고 있다. 본서에서는 2018년을 기준으로 부패인식지수가 어떻게 구성되는지 논의하도록 하겠다. 이 지수는 총점이 100

점이다. 0점이 부패가 가장 심한 것이다. 반대로 100점은 부패가 가장 적을 것을 말한다.

부패인식지수는 열세 가지의 데이터를 통해서 구성된다. 데이터의 목록은 다음과 같다: ① African Development Bank Country Policy and Institutional Assessment 2016; ② Bertelsmann Stiftung Sustainable Governance Indicators 2018; ③ Bertelsmann Stiftung Transformation Index 2017–2018; ④ Economist Intelligence Unit Country Risk Service 2018; ⑤ Freedom House Nations in Transit 2018; ⑥ Global Insight Business Conditions and Risk Indicators 2017; ⑦ IMD World Competitiveness Center World Competitiveness Yearbook Executive Opinion Survey 2018; ⑧ Political and Economic Risk Consultancy Asian Intelligence 2018; ⑨ PRS Group International Country Risk Guide 2018; ⑩ World Bank Country Policy and Institutional Assessment 2017; ⑪ World Economic Forum Executive Opinion Survey 2018; ⑫ World Justice Project Rule of Law Index Expert Survey 2017–2018; ⑬ Varieties of Democracy 2018.

부패인식지수는 여러 단계를 거쳐서 만들어진다. 우선 데이터를 선정한다. 위에서 언급한 13개의 데이터에서 뇌물, 공금유용, 사익을 위한 권력남용, 국가포획(State capture),[4] 정실인사(Nepotism)을 추려 낸다. 그리고 부패방지를 위한 정부의 노력도 고려된다. 예를 들어, 청렴을 유지하기 위한 정부의 능력, 부패한 공무원이 검거되는지 여부, 내부고발자 보호, 이해관계가 투명하게 들어나게 하는 법령이 있는지 여부 등이 포함된다.

---

4) 국가포획이란 사기업이나 이익단체들이 그들의 이익을 위해서 국가기관의 의사결정에 영향을 주는 것을 이야기한다.

부패인식지수는 100점 척도로 계산된다. 그러므로 취합하는 데이터를 척도에 맞추어 재조정한다. 이 기관에서는 4점 척도 이상으로 구성된 자료만을 고려한다. 그리고 범세계적인 지수이므로 원자료는 적어도 16개국 이상의 국가를 포함해야 한다. 또한 부패인식지수는 한해만 측정하는 것이 아니라 매년 지수를 만든다. 그러므로 원자료는 연도별로 제공되는 자료여야 한다. 이렇게 수합된 자료는 표준화되어 지수화하고 공표된다.

이 지수가 가진 장점에도 불구하고 한계가 존재한다. 우선 부패인식지수는 실제로 부패건수를 측정하는 것이 아니라 응답자들의 부패에 대한 관점을 물어보는데, 부패에 대한 관점은 사람마다 다르다(Anderson & Heywood, 2009). 물론 이러한 주관성의 문제는 Transparency International 만의 문제는 아니다. 더군다나 부패는 실제로 음성적으로 행하여지기 때문에 객관적으로 데이터를 구하는 것이 매우 어렵다. 뿐만 아니라 이 부패에 대한 관점이 서구지향적이다(이상환, 2002). 그리고 투명성의 요소를 부분적으로 포함하기는 하지만 기본적으로 부패에 대한 지수이다. 그러므로 이 지수가 투명성을 직접적으로 측정한 것이 아니라는 점을 반드시 유념할 필요가 있다.

(2) International Budget Partnership

International Budget Partnership(이하 IBP)에서는 Open Budget Index를 매해 발표한다. IBP에서는 투명하게 공개된 예산이 정부를 개선하고 빈곤을 극복하는 데 도움이 된다는 믿음을 가지고 있다.

Open Budget Index는 예산의 다양한 측면을 점검해서 작성된다. 우선 예산 전 명세서(Pre-budget statement)가 있다. 예산 전 명세서는 다가올 새해에 대한 집행부의 경제적, 재정적 계획을 보여준다. 그리고 구체적인 집행부 예산안이 나오기 전에 예산에 대한 논의를 활성화시킨다. 이는 이듬해의 지출, 수입, 빚의 총액을 감안한 상태에서 정책목표를 고려한 예산과정의 전략적인 계획의 총체이다.

표 4-3 사전 예산에 대한 질문 사항

1. Open Budget Survey 문항을 검사하기 위한 사전 예산안의 예산연도는 언제인가?
2. 언제 사전 예산안이 대중에게 알려지는가?
3a. 사전 예산안이 발간된다면, 언제 발간되는가?
3b. 사전 예산안의 발간날짜가 어떻게 정해지는가?
4. 사전 예산안이 발간되면 사전예산안의 웹사이트 주소는 어떻게 되는가?
5. 사전 예산안이 발간되면 기계가 읽을 수 있는 형식의 데이터가 있는가?
6. 사전 예산안이 발간되지 않더라도 계속 데이터는 제공되는가?
7. 사전 예산안이 만들어지면 그 이름을 쓰시오.
8. 시민을 위한 사전 예산안이 있는가?

두 번째 부분은 집행부 예산 계획이다. 집행부는 입법부가 승인한 예산을 토대로 행정업무를 하고 정책을 집행한다. 물론 사전 예산과 단계는 다르지만 묻는 내용은 대동소이하다. 자세한 문항은 다음과 같다.

표 4-4 집행부 예산에 대한 질문 사항

1a. Open Budget Survey가 질문할 때 집행부 예산 계획의 예산연도는 언제인가?
1b. 언제 입법부에 집행부 예산 계획이 들어가는가?
2. 언제 집행부 예산이 대중에게 공개되는가?
3. 집행부 예산이 발간된다면 발간 시점은 어떻게 되는가?
4. 집행부 예산이 발간된다면, 웹사이트 주소는 무엇인가?
5. 집행부 예산이 발간된다면, 기계가 읽을 수 있는 형식으로 나오는가?
6. 집행부 예산이 더이상 나오지 않더라도 데이터가 계속 제공되는가?
7. 집행부 예산안이 만들어지면 그 이름을 쓰시오.
8. 시민을 위한 집행부 예산안이 있는가?

세 번째 부분은 제정된 예산(Enacted budget)이고 네 번째 부분은 시민예산이다. 시민예산은 기술적인 부분을 지양한 예산보고서이다. 시민예산을 통해서 시민은 정부가 어떻게 예산을 꾸려 가는지를 확인할 수 있다. 다섯 번째는 단년도 보고서(In year report)이다. 단년도 보고서는 예산이 어떻게 집행되고 있는지를 한해 안에 보고되는 것이다. 여섯 번째는 중간 점검(Mid-year review)이다. 중간점검은 예산연도의 전반부인 6개월에 상태가 어떠한지를 알려준다. 일곱 번째는 연말 보고서(Year end report)이다. 예산집행이 끝난후 정부의 재정활동이 어떠했고 그것의 성과가 어떠했는지를 파악하는 문서이다. 여덟 번째는 감사리포트(Audit report)이다. 매해 연말에 나라의 가장 높은 권위의 감사기관이 예산을 감사한 것에 대한 보고서이다.

(3) World Justice Project

World Justice Project(이하 WJP)는 법치(Rule of Law)지수를 거의 매년 발표하고 있다. 이 법의 지배 지수는 크게 9개의 항목으로 이루어져 있다(Government powers, absence of corruption, open government, fundamental rights, order and security, regulatory enforcement, civil justice, and criminal justice). 그 중 한 항목이 열린정부(Open government) 항목이다. 법치가 열린 정부와는 일견 상관이 없는 관계라고 여겨질 수 있다. 하지만 어떤 법이 존재하고 그 법이 어떻게 지켜지는 알아야 법치가 실현된다고 보기 때문에 열린정부요소가 법치지수에 들어갔다.

열린정부는 4가지 항목으로 구성되어 있다. 첫 번째는 공표된 법과 정부 정보(Publicized laws & government data)이다. 이 항목은 기본적인 법적인 권리에 대한 법과 정보가 대중들에게 평이한 언어로 그리고 1개 언어가 쓰이는 나라에서는 여러 개의 언어로 구비되었는지[5]를 보는 것이다. 이 항목은 또한 온라인과 오프라인으로 발행된 정보를 잘 접근할 수 있는지 그리고 그 정보의 질도 측정한다. 예를 들어, 행정규제, 입법제안서, 대법원 결정문 등을 적시에 대중들이 볼 수 있는지가 포함된다.

둘째는 정보에 대한 권리(Right to information)다. 이 부분은 정부기관이 보유한 정보를 요구할 권리가 시민에게 주어졌는지 여부이다. 그리고 정보를 요구하는 데 있어서 비용이 과도하면 안되고 공무원에게 뇌물을 줄 필요가 없어야 한다. 그리고 이 부분에서는 사람들이 정보를 요구할 권리가 있다는 것을 인지했는지 여부도 측정된다.

셋째, 시민참여(Civic participation)다. 이 부분은 시민참여가 실질적으로 보장되어 있는지 여부를 측정한다. 구체적으로 표현의 자유와 집회의 자유가 보호되고 있는 지와 정부에게 청원할 수 있는지가 포함된다. 시민들이 직급과 관계없이 다양한 공무원들에게 목소리를 낼 수 있는지, 그리고 공무원들이 공동체에 미칠 결정에 대한 정보를 충분히 제공하고 있는지가 포함된다.

시민참여 부분이 투명성인지에 대해서 의구심이 들 수 있다. 왜냐하면 시민참여는 투명성과 구분되는 개념이기 때문이다. 물론 정부에 대한 정보가 있어야 시민이 참여할 수 있다(Coglianese, Kilmartin & Mendelson, 2008). 하지만 Welch(2012)는 시민참여는 투명성을 향상시키는데 도움이 되지만, 투명성은 시민참여에 영향을 미치지 못함을 보여준 바 있다. 이 점에서 열린정부(open government)는 투명성의 개념도 있지만 시민참여의 개념도 포함할 수 있는 점에서 다르다

5) 예를 들어, 캐나다의 경우에는 영어와 불어를 같이 쓰기 때문에 각종 공문서가 영어와 불어로 작성된다. 미국의 경우에는 스페인어가 아직 공용어의 위치를 차지하지는 않았지만 늘어나는 스페인어 사용자들을 위해서 미국정부는 스페인어로도 번역해서 부분적으로 정부정보를 공개하고 있다.

는 것을 보여준다.

넷째, 이의제기 창구가 있는지 여부이다. 이는 시민들이 정부가 제공하는 서비스에 대해서 이의를 제기할 수 있는지 여부를 말한다. 그리고 공무원이 법적인 의무를 수행하여 나온 성과에 대해서 불만을 제기할 수 있는지 여부를 파악한다. 이 부분 역시 협의의 투명성과는 차이가 있는 개념이다. 이 지수에서 측정하는 열린정부라고 함은 협의의 정부투명성은 물론이고 포괄적으로 시민과 정부의 교호관계를 파악하는 개념이라고 보면 된다.

(4) World Economic Forum

매년 세계경제포럼(The World Economic Forum: 이하 WEF)에서는 전 세계 국가를 대상으로 국제경쟁력지수(Global Competitiveness Index: 이하 GCI)를 발표한다. WEF에서는 경쟁력을 경제의 생산성을 결정짓는 정책과 자원의 조합이라고 보고 있다(The World Economic Forum, 2017). GCI는 한 국가의 경쟁력을 평가할 수 있는 부분을 114개의 부분으로 나누어 측정하고 있다. 100개가 넘는 부분에 나누어서 측정하는 만큼 한 국가의 거시적 경제 지표부터 도로의 상태까지 국가의 기틀을 구성하는 다양한 부분을 측정하고 있다. 이렇게 다양한 지수를 측정하는 이유는 국가에서 이 지수를 확인하고 잘하고 있는 부분은 보강하고, 못하고 있는 부분은 집중 투자하여 국가의 전반적인 후생을 늘리기 위함이다.

이 지수에서 투명성과 가장 깊은 것은 정책결정에 있어서 투명성(Transparency in government policymaking)이다. 이 투명성 지수는 기업의 높은 직위의 관리자들을 대상으로 한 설문조사를 통해서 이루어졌다. 이 조사는 관리자들에게 “귀하의 나라에서 기업이 정부정책과 기업활동에 영향을 주는 규제에 대한 변경에 대해서 정보를 얻는 것이 얼마나 쉽습니까?"라는 질문을 한다. 그리고 1(극심히 어렵다)~7(극심히 쉽다)까지의 척도로 되어 있는 문항으로 답을 받았다. 그래서 투명성지수는 숫자가 클수록 정책투명성가 높다는 것을 의미한다. 기업이 경제활동을 하는데 있어서 정부정책을 제대로 아는 것은 매우 중요하다. 이 문항을 통해 정책에 대한 투명성을 알아본다는 점에서 의미가 있다. 하지만 일반시민에게 물어보지 않고 기업인에게만 물었다는 점이 이 조사의 한계이다. 이 문항을 마치 그 나라 전체 사람들이 생각하는 정책결정에 대한 투명성으로 확대해석하면 부적절하다.

2018년에 WEF에서는 그동안에 사용하였던 부분을 개정하여 새로운 지수(Index)를 만들었다. 2018년에 개정된 새로운 지수 안에 투명성과 관련된 것으로 예산투명성(Budget Transparency)이 새롭게 산입되었다. 이는 위에서 세계은행이 사용하는 예산투명성 지수를 그대로 이용한다. 그러므로 특별히 자세히 설명은 하지 않겠다.

(5) World Wide Web Foundation

Open Data Barometer는 World Wide Web Foundation이 정부의 여러 서비스가 얼마큼 온라인에서 쉽게 얻을 수 있는지를 파악한 후 지표화하여 작성한다. 기본적으로 오픈 데이터에 대해 식견이 있는 전문가의 설문조사로 이루어진다. 총 4번에 걸쳐서 조사되었고 2016년을 마지막으로 더 이상 조사되고 있지 않다.[6)]

이 지수는 크게 3가지 부분으로 측정된다. 우선 준비(Readiness)부분으로 한 국가가 정치적, 경제적 그리고 사회적으로 오픈 데이터를 갖추었는지 보는 것이다. 구체적으로 정치적인 부분은 정부에서 얼

---

6) 첫 번째 조사는 2013년, 두 번째 조사는 2014년, 세 번째 조사는 2015년, 그리고 마지막 조사는 2016년에 진행되었다.

마큼의 의지를 가지고 정보를 공개하려는 지를 본다. 경제적인 부분에서는 기업이나 혁신가들이 정부정보를 얼마큼 이용할 수 있는 지를 본다. 마지막으로 사회적으로는 시민들이 정치적 자유와 알권리의 중요성을 아는지 여부를 본다.

두 번째는 실행(Implementation)이다. 실행부분은 다양한 측면에서 측정된다. 데이터가 존재하는지 어떠한 형태로든지 온라인에 구비되었는지, 기계가 읽을 수 있는 형태로 데이터가 제공되는지, 무료로 데이터를 얻을 수 있는지, 최신까지 데이터가 업데이트되었는지, 정기적으로 데이터가 업데이트 되었는지, 데이터를 쉽게 찾을 수 있는지 등을 조사한다. 그리고 이 기준으로 다양한 분야를 살펴본다. 예를 들어, 지도, 토지소유권, 여론조사, 정부예산, 공공교통의 시간표 등 다양하다.

마지막 부분은 영향(Impact)으로 오픈 데이터가 사회적, 경제적, 정치적으로 얼마나 반향을 일으켰는지를 본다. 구체적으로 전문가들에게 오픈데이터가 정부의 효율성과 효과성에 어떻게 영향을 주었는지, 오픈데이터가 사회의 책무성과 투명성에 어떻게 영향을 주었는지, 오픈데이터가 지속가능한 환경에 어떻게 영향을 주었는지, 정책형성에 있어서 소외된 계층에 어떻게 영향을 주었는지, 오픈데이터가 경제에 어떻게 영향을 주었는지, 기업가들이 얼마나 성공적으로 오픈데이터를 이용해 새로운 사업을 시작했는지 여부를 측정한다.

(6) Access Info Europe + Centre for Law and Democracy

알권리 지수(The Right to Information Rating)는 스페인에 기반을 한 Access Info Europe와 캐나다에 기반을 한 Centre for Law and Democracy가 만든 지수다. 이 지수는 각 나라의 알권리가 어떻게

보장되고 있는지를 파악한 것이다.

이 지표는 크게 7가지 부분으로 측정된다: ① 접근권(Right of access); ② 범위(Scope); ③ 청구절차(Requesting procedures); ④ 예외와 거부(Exceptions and refusal) ⑤ 항소(Appeals); ⑥ 제한과 보호(Sanctions and protection); ⑦ 진흥조치(Promotional measures)로 총점수는 150점이다.

이 지표의 몇 가지 점을 살펴보면 다음과 같다. 첫째, 법체계가 근본적인 접근권을 인정해야 한다. 둘째, 법체계가 몇몇 예외를 제외하고 공공기관이 가지고 있는 모든 정보에 접근할 수 있는 구체적인 안을 만들어야 한다. 셋째, 법체계는 정보자유권의 구체적인 원리를 담아야 한다. 그리고 법체계는 정보자유권의 이익을 강조해야 한다.

"범위(scope)" 부분의 첫 세부항목은 모든 사람들(외국인 및 법인 포함)이 정보를 청구할 수 있는 권리가 있는지 여부이다. 오직 자국민만이 청구할 수 있으면 0점이다. 그리고 외국인도 포함하면 1점, 그리고 법인까지 포함되면 1점이 추가된다. 세 번째 범위는 접근권이 모든 행정부에 해당되는지 여부를 본다. 여기에서 행정부라 함은 내각, 중앙정부부처, 지방정부, 공립학교, 의료시설, 경찰, 군대, 치안서비스를 포함한다. 네 번째 접근권은 행정적인 정보를 포함한 입법부도 포함한다. 다섯 번째 행정적인 정보를 포함한 사법부도 포함한다. 여섯 번째 접근권은 공기업을 포함한다. 일곱 번째 접근권은 헌법 기관이나 감사기능의 기구를 포함한 공공 기관을 포함한다. 여덟 번째 공공기능을 수행하는 사적인 기관과 공적 자금을 받는 사조직을 포함한다.

청구절차와 관련된 것은 다음과 같다. 청구권자는 그들의 청구에 있어서 이유를 추궁받지 않는다. 청구권자들은 오직 필요한 정보만 요청하게 되며 청구할 때 명확하고 간단한 절차가 있어야 한다. 청구는 다양한 통로를 통해서 이루어질 수 있어야 한다. 예를 들어 공식적인 문서를 통하지 않더라도 청구할 방법이 있어야 한다. 공무원은 청구권자의 청구를 도와야 한다. 그리고 청구권자의 요청이 애매하고 적절치 않게 포괄적일 때는 청구권자에 연락을 해야 한다. 공무원은 문맹자나 장애인같이 특별한 도움이 필요한 사람이 있을 때에는 그에 맞는 도움을 주어야 한다. 청구권자는 청구한 후 5일 내에 청구했다는 증빙서류를 받아야 한다. 청구권자가 청구한 정보가 없을 때, 공무원은 적절한 절차를 통해서 청구권자에게 분명히 설명해야 한다. 그리고 정보를 보유한 행정기관을 소개시켜줄 의무가 있다. 또한 공공기관은 청구권자가 정보를 접속하는 데 있어서 선호를 반영할 필요가 있고 청구에 대하여 가능한 신속하게 대응할 필요가 있다. 그래서 정보 청구에 대하여 적절한 시일 내에 대응해야 하며 부득이하게 연기하더라도 명확한 시간의 한계가 있어야 한다. 정보를 청구하는 것은 원칙적으로 무료여야 하며 중앙정부 차원에서 청구비용에 대한 분명한 규칙을 마련해야 한다. 수수료는 정보를 공공기관이 재가공하는데 들어가는 비용에 국한되어야 한다.

제5장

세계 주요 나라의 노력

1. 미 국
2. 유럽연합
3. 영 국
4. 프랑스
5. 독 일
6. 스위스
7. 네덜란드와 벨기에
8. 스칸디나비아 국가들
9. 캐나다, 호주, 뉴질랜드
10. 일 본
11. 중 국

제5장

세계 주요 나라의 노력

이번 장에서는 세계 각국에서 정부투명성과 관련하여 어떠한 문제를 가지고 대처하는지 살펴볼 것이다. 여러 나라의 사정을 통해서 정부투명성이 어떻게 현실에서 구현되고 있는지 알 수 있다.

1. 미 국[1)]

미국이 정부투명성에 준 선도적인 영향은 상당히 크다. 특히 우리나라의 경우에는 미국에서 시도한 정책을 많이 따라하는 경우가 많으므로 미국의 투명성에 관한 정책을 어떻게 실행했는지 보는 것은 중요하다. 미국이 처음부터 정보공개를 적극적으로 한 것은 아니다. 미국 건국 후에는 소위 Housekeeping statute라 하여 행정 각 부의 장관이 문서를 통제할 수 있었다(김배원, 2011).

미국에서 투명성을 가장 획기적으로 늘린 사건으로는 앞에서도 언급한 1966년 린든 존슨 정부시절 시행된 Freedom of Information

1) 이미 정보공개법, 열린 정부 등 다른 개념을 설명할 때 미국을 중심으로 서술했기 때문에 미국의 경우는 짧게 서술하기로 한다.

Act이다. 이 법안이 통과되어 시민들은 연방정부의 정보에 대해서 공개를 신청할 수 있게 되었다(경건, 2017). 이 법안을 만들기 위해 노력한 캘리포니아 국회의원인 John Moss는 냉전시절 맥카시(McCarthy) 광풍으로 여러 정치인들처럼 공산주의자로 몰렸다. 그는 자신이 공산주의자인 이유와 근거 정보를 물었지만 거절당했다. 그래서 더 나은 사회를 위해서라면 정보공개가 필수적이라고 생각하고 정보공개를 위해서 일했다. 법안에 서명을 한 린든 존슨 대통령은 정보공개가 행정부의 권위에 부정적인 영향을 줄 것이라고 생각하여 달가워하지 않았지만 서명하였고 1967년부터 시행되었다. 그 후 수정을 거치면서 이 법안은 발전되었다.

이후 괄목한 발전이 있었던 것은 닉슨 대통령의 워터게이트 사건이었다. 닉슨 대통령은 재임시절, 민주당 사무실을 불법도청하라고 지시하여 탄핵의 위기를 맞는다. 이러한 배경에서 닉슨 대통령은 1974년 스스로 대통령직에서 물러난다. 이 사건이 촉진제가 되어 Privacy Act of 1974가 통과된다. 이 법안은 불법 감시, 연방정부에 의한 사찰에 대해 엄격하게 제한하고 있다. 특히 대통령 행정사무국을 정보공개대상으로 지정한 것은 큰 진전이었다(김배원, 2001). 한 나라의 권력의 핵심에 대한 정보도 공개할 수 있음을 말해주는 대목이다. 즉 권력기구의 최고 수장조차도 정보공개에서 자유로울 수 없음을 보여주고, 불법적인 일을 저지르지 않도록 제한한 것이다. 그 후 Presidential Records Act of 1978을 통해서 대통령에 대한 정보도 공개하게 되었다. 물론 재임 중에 공개하는 것은 아니고 퇴임 후에 공개한다.

이 법으로 정보공개에 대한 기본 골자가 마련된 후에 세월이 지나면서 새로운 법안이 추가되었다. 특히 정보기술의 발전으로 인하여 시민들이 정보를 파악하는 방법에 있어서 큰 변화가 있었다.

1996년에 전자정보자유법 개정안(Electronic Freedom of Information Act Amendments of 1996)이 통과되었다. 이 개정안은 원래 있었던 Freedom of Information Act에 전자정보를 추가한 것이다. 그 후 인터넷이 본격적으로 보편화되면서 2002년에 전자정부법(E-government act)이 발의된다. 이를 통해서 온라인을 통해서도 정보를 청구하고 열람할 수 있는 기틀이 잡히게 되었다.

그 후 2008년에 취임한 오바마 대통령은 정부투명성에 더욱 박차를 가하였다. 그가 취임 후 승인한 첫 행정명령이 바로 열린정부(Open government)였다. 오바마 대통령은 투명한 정부가 정부 신뢰를 얻는 초석이라는 깊은 믿음이 있었기 때문에 정부투명성을 상당히 강조하였다(Coglianese, 2009). 이러한 기조를 바탕으로 정부가 가진 정보를 인터넷으로 쉽게 검색할 수 있게 하였다.

이러한 투명성 확대에 대한 경로가 항상 쉽게 이루어진 것만은 아니다. 앞서 언급하였던 닉슨 대통령의 워터게이트 뿐만 아니라 정부투명성에 대한 문제는 꾸준히 있었다. 비교적 최근 투명성과 관련한 문제로는 뮬러(Robert Mueller) 보고서였다. 민주당은 2016년 대선과 관련하여 트럼프 전 대통령이 러시아와 내통한 모의를 한 적이 있는 지에 대해서 의구심을 제기하였다. 그리고 로버트 뮬러가 특별검사(Special counsel)로 임명되어 이 사건에 대한 조사를 시작하였다. 수사가 시작된 지 2년이 지난 후에 뮬러는 보고서를 법무부에 제출했다. 이 보고서를 받은 윌리엄 바(William Barr) 당시 법무부 장관은 보고서의 일부분만 공개를 했다. 부분적인 공개에 당시 야당이었던 민주당이 반발하여 궁극적으로는 보고서의 대부분을 공개하였다. 본래 정보를 비공개하려고 했던 이유는 현재 수사가 진행 중인 다른 사건과 겹치기 때문이었다. 논쟁 끝에 몇몇 부분이 지워진 보고서가 국회의원들에게 제공되었다. 이 사건은 정부투명성에 관한 문제가 아직도 현재 진행형임을 보여준다.

2. 유럽연합

유럽에 관해서는 주권이 있는 각 나라를 중심으로 한 투명성 정책과 유럽연합 수준에서 진행된 투명성을 나누어 보아야 한다. 유럽연합의 역사적인 기록들은 이탈리아 플로렌스에서 관리되고 있다. 물론 원본을 실제로 보기 위해서 이탈리아에 갈 수도 있겠지만 주로 온라인을 통해서 사본을 열람한다. 이 문서들은 24개 언어로 번역되어서 제공된다.

투명성과 관련해서 유럽연합 기본권 헌장(Charter of Fundamental Rights of the European Union)의 제11조 제1항에서는 "모든 사람은 의사표현 자유의 권리를 가진다. 이 권리는 의사의 자유 그리고 정보 그리고 생각을 행정당국의 제한과 국가적 경계에 대한 고려없이 받아들이고 계속적으로 전달할 자유를 포함한다."고 규정하고 있다(박진완, 2019). 구체적으로 2011년에 유럽연합 회원국가의 공공기록물을 의무적으로 공개하는 것을 골자로 하는 열린데이터 전략(Open Data Strategy)을 발표하였다(배성훈 외, 2013).

또한 유럽연합 운영에 대한 조약 15조(Article 15 of the Treaty on the Functioning of the European Union)에 따르면 유럽연합의 시민과 거주자는 유럽의회와 운영위원회에 문서를 열람할 수 있는 권리를 갖는다고 되어 있다. 이는 시민들이 운영위원회의 문서를 포함하여, 역사적인 기록물, 회의록, 계획들을 열람할 수 있다는 것이다. 공식적인 문서들은 공개된 DORIE[2)]와 같은 웹사이트를 통해서 볼 수 있다.

---

2) DORIE란 DOcumentation et Recherche sur les questions Institutionnelles Européennes의 줄임말이다. 이는 유럽연합의 기관에 대한 데이터 베이스로 1946

그림 5-1 유럽연합의 자료를 찾아볼 수 있는 DORIE 웹페이지

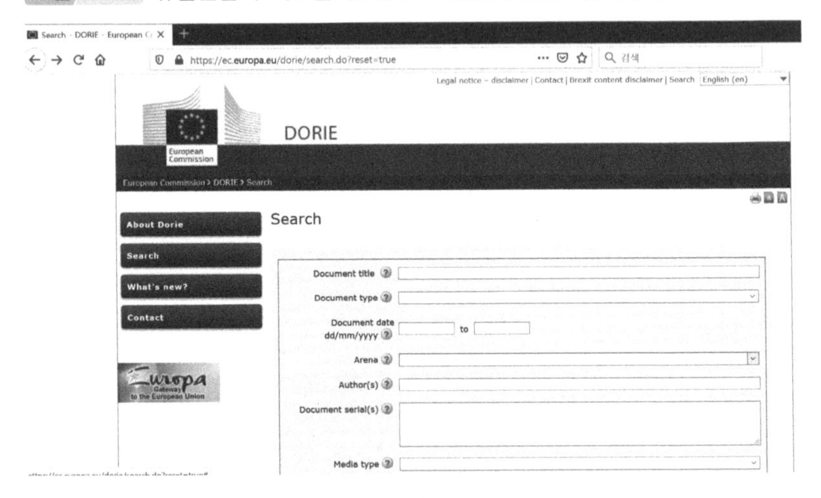

물론 다른 나라와 마찬가지로 정보 공개에 대해서는 예외가 있다. 예를 들어, 현재진행 중인 감사건, 보조금 신청서, 사기감찰건 등은 공개되지 않는다.

3. 영 국

EU에 속해있지 않은 영국은 독자적인 투명성 체제를 가지고 있다. 영국에서는 2000년에 정보공개법안을 통과시켰지만 완전한 실행은 2005년에 시작되었다(Worthy, 2010; Shepherd et al. 2010). 역설적이지만 투명성과 관련한 논의는 개인정보를 어디까지 보호할 것인가에 대한 논의에서 시작된다. 즉, 정부가 개인정보를 어디까지 수집하고, 그 수집된 정보를 개인이 어디까지 열람할 수 있는가가 문제이다. 1984년 데이터 보호법(Data protection act)이 제정되었다. 이 법안

년부터 축적된 데이터를 검색하고 열람할 수 있다.

은 여러 번 개정을 거치면서 진화를 거듭하였다. 가장 최근에 개정된 Data Protection Act 2018은 정보의 범위가 개인은 물론이고, 기업과 정부의 정보를 모두 포괄한다.

영국에서 말하는 정보보호원칙(Data Protection Principle)은 다음과 같다. 정보는 공정하고, 합법적이고 투명하게 이용되어야 한다. 그리고 명확한 이유가 있어야 정보가 이용되며 정보가 사용될 때는 필요한 만큼 적절하게 제한적으로 사용되어야 한다. 정보는 정확해야 하고 가능한 최신이어야 한다. 정보는 필요 이상으로 보관하지 말아야 하고 적정한 보안을 통해서 처리되어야 한다.

그리고 정보보호법을 통해서 영국사람들은 다음과 같은 권리를 가진다. 시민은 자신의 개인정보에 접근할 수 있다. 시민은 개인정보가 어떻게 이용되는지 알 수 있는 권리, 잘못된 정보를 개정할 권리, 정보를 삭제할 권리, 개인정보가 이용되는 것을 막거나 제한할 수 있는 권리가 있다.[3)]

영국에서 열린정부데이터(Open government data)라고 함은 공공기관이 관리하는 데이터에 대한 정보정책을 이야기한다(Bates, 2014). 영국 정부는 2019년-2021년 4번째 열린정부 실행안(UK National Action Plan for Open Government 2019-2021)을 제출하였다. 이 실행안에 포함된 결의는 다음과 같다.[4)] 첫째, 보조금 지급과 관련된 내용을 공개한다. 보조금이라는 것이 수혜받는 기관에 왜 지원되는지 모르는 경우가 종종 있다. 그렇기 때문에 국민의 돈이 눈먼 돈처럼 쓰이기도 했다. 보조금이 어떻게 지원되고 있는지 시민들이 쉽게 확인할 수 있게 표준화되고 간단한 방식으로(Government Grants Information System)

---

3) 자세한 사항은 https://www.gov.uk/data-protection을 참고하면 된다.

4) 자세한 사항은 다음의 홈페이지를 참고하면 된다.
https://www.gov.uk/government/publications/uk-national-action-plan-for-open-government-2019-2021/uk-national-action-plan-for-open-government-2019-2021

보조금 지원내역을 공개하였다.

둘째, 시민참여를 확대시킨다. 본서의 이론편에서 살펴본 것처럼 열린 정부의 핵심 중에 한 요소가 시민참여이다. 열린정부 차원에서는 공개되는 정보도 중요하지만 시민참여도 중요하다. 특히 발전하는 소셜미디어를 잘 활용하여 그동안 소외되었던 계층의 목소리도 들으려 하였다.

셋째, 영국정부에서는 열린정책형성(Open Policy Making)을 지향한다. 이 부분에서 중요한 점은 정책을 입안할 때 쓰이는 실제 증거를 공개적으로 사용한다는 것이다. 주목해야 할 점은 이것이 보여주기 위한 행위가 아니라, 정부운영의 방침으로 만들려고 노력했다는 것이다. 이를 통해서 시민들이 필요에 보다 가까운 정책을 만들려고 노력했다.

넷째, 정부계약과 관련된 정보도 공개한다. 정부가 직접 물건을 만들어 시민에게 제공하는 경우는 매우 드물다. 그래서 정부는 필요에 따라서 전문성이 있는 사기업에 서비스 제공을 맡기는 경우가 많다. 문제는 사기업에 일을 맡기는 것에 금전거래가 되다보니 부패가 생길 여지가 있다는 것이다. 따라서 부패의 여지를 줄이기 위해서 기업이 정부가 발주한 사업에 어떻게 입찰하고 계약했는지를 공개하는 것이 중요하다. 단순히 누구와 얼마의 금액으로 계약했는지를 공개할 뿐만 아니라 경쟁률이 얼마큼 되었는지도 보여주고, 특정 기업과 얼마나 많이 계약했는지도 공개한다. 이렇게 구체적인 정보를 공시하여 특정 기업과 공무원과의 결탁을 방지하려고 노력한다. 그리고 표준화된 양식(Open Contracting Data Standard)을 통해서 정보를 공개하여 시민이 더 쉽게 정보를 이해할 수 있게 돕는다.

다섯째, 공공이 소유한 자원에 대한 투명성을 강화한다. 영국정부가 소유한 기름, 가스 등과 같은 자원을 이용할 때 그 정보를 공개하는 것이다. 특히 채광사업투명성 협약(Extractive Industries Transparency Initiative)에 맞추어 정보를 공개한다. 자원과 관련해서는 일반시민이 연관되는 경우는 드물다. 하지만 정부와 기업이 결탁하여 구조적인 부패를 일으킬 수 있다. 부패가 일어날 경우에 사회 전반적인 손실이 나타나게 된다. 이를 미연에 방지하고자 영국정부는 정부가 거래하는 자연광물의 거래 내역을 공개하도록 한다.

여섯 번째는 민주주의에 있어서 혁신을 일으키는 것이다. 여기에서 혁신이라고 하는 것은 사기업에서 말하는 혁신과는 거리가 멀다. 예를 들어, 애플이나 삼성에서 새로운 기술을 도입해서 신제품을 내놓는 것과는 다른 양태의 혁신이다. 행정분야에서 혁신이라고 하는 것은 과정에 있어서 기존과 다른 점이 있다는 것을 말한다. 특히 열린정부와 관련해서는 시민들이 좀 더 쉽고 적극적으로 목소리를 낼 수 있는 방도를 새로이 도입하는 것을 말한다.

4. 프랑스

프랑스에서도 투명성 정책의 기틀을 마련한 것은 다른 나라와 마찬가지로 정보공개법이다. 미국의 정보공개법에 영향을 받아 1978년에 정보공개법, 이유부기법, 프라이버시에 관한 법을 통과시키면서 정부투명성에 대한 법적 기틀을 다졌다(구병삭, 1981). 그 후 다른 유럽 선진국과 마찬가지로 꾸준히 정보공개에 대한 중요성을 강조하였다.

2018년도 기준으로 프랑스는 유엔에서 발간하는 전자정부발전(E-government development) 순위에서 세계 9위를 차지하였다. 앞서 설명한 바 있듯이 이 지수는 크게 3가지로 구성되어 있다. 첫째는 온라인 서비스, 둘째는 정보통신 기간시설, 셋째는 인적자원부분이다. 프랑스는 2018년에 총평균점수가 0.879로 9위를 차지하였다. 세부적으로는 온라인 서비스가 0.9792, 통신기간시설이 0.7979, 그리고 인적자본이 0.8598의 점수를 보이며 고르게 높은 점수를 보였다.

하지만 프랑스가 모든 투명성 지수에서 높은 성적을 보인 것은 아니다. 예를 들어, World Economic Forum에서 발간하는 국제경쟁력지수 중에서 정부정책에 대한 투명성(Transparency of government policymaking) 부분이 있다. 2017-2018년 판에서 프랑스는 비교적 낮은 점수를 받았다. 프랑스는 조사된 137개국 중 53위를 차지했다. 물론 이 정부정책에 대한 투명성은 기업에 종사하는 경영진을 대상으로 한 설문조사이다. 그러므로 정부정책에 대한 전반적인 순위로 말하기는 어렵다. 다만 프랑스가 선진국의 반열에 위치한다고 모든 지수에서 높은 위치를 차지하는 것은 아니라는 것을 말해준다.

World Justice Project에서 발간하는 법의 지배(Rule of Law)지수의 한 부분인 열린정부(Open Government)에서도 프랑스는 상위권을 기록했다. 0.78(1점 만점)으로 조사 대상인 127개국 중에서 12위를 차지하였다. 이 지수에서 열린 정부부분은 4가지의 세부분야로 나누어 지는데 법과 정부 데이터가 잘 열람할 수 있는지 여부는 0.84, 정보자유권의 정도는 0.73, 시민참여는 0.78 그리고 불만제기 절차는 0.80을 기록하면서 전 부분에서 고르게 높은 점수를 받았다. 관심 있게 보아야 할 점은 전 세계를 대상으로는 상위권에 위치해 있지만 유럽국가만 따지고 보면 높은 순위는 아니라는 점이다. 유럽국가 24개국 중에서 10위를 차지했을 뿐이다. 이러한 사실은 열린정부 측면에 있어서 최상위권은 거의 유럽국가들이 차지하고 있다는 것을 보여준다.

Open Data Barometer에서도 프랑스는 비교적 고득점을 하였다. 이 지수는 크게 3가지 부분으로 구성되어 있다. 첫째는 준비(Readiness),

둘째는 실행(Implementation), 셋째는 영향(Impact)이다. 첫째 준비 부분은 4가지의 세부사항으로 나누어 볼 수 있다. 정부정책 부분은 79점(100점 만점), 정부활동 부분은 91점, 시민의 권리로 85점, 그리고 기업과 관련해서는 81점을 획득하였다.

실행적 측면은 15개의 분야로 나누어 측정된다. 각 분야에 따라서 점수의 차이가 있었다. 예를 들어, 센서스 자료공개는 100점을 받은데 비해서 정부지출이 어떻게 되는지에 대한 정보는 5점을 받은 데에 불과했다. 하지만 대체로 항목당 90점이 넘는 고득점을 유지했다.

마지막으로는 공개정보의 영향력이다. 이 영향력은 정치적, 사회적 그리고 경제적 영향력으로 나뉜다. 프랑스는 정치는 55점, 사회는 40점 그리고 경제에서 70점을 받았다. 이는 낮아 보이지만 이웃나라인 독일(정치: 25점, 사회: 15점, 경제: 40점)보다는 높은 점수다.

또한 열린예산지수(Open Budget Index)는 한 국가의 재정투명성을 보여준다. 이 지수는 다음과 같이 구성되어 있다. 첫째는 시민참여, 둘째는 입법부에 의한 감시, 세 번째는 감사기관에 의한 감시가 있다. 기본적으로 정부가 가지고 있는 데이터를 다른 기관(혹은 사람)이 볼 수 있는지 여부를 중시한다. 2019년 기준으로 프랑스는 100점 만점에 74점을 받았다. 가장 높은 점수를 받은 국가는 뉴질랜드로 87점을 획득했는데 74점이면 충분히 적절한 수준의 정보가 공개된다고 볼 수 있다.

하지만 시민참여 부분에서 18점을 받는데 그쳤다. 이웃나라 영국이 61점을 받은 것에 비하면 매우 낮은 점수를 보인 것이다. 하지만 OECD 평균이 23점이고 전 세계 평균이 14점인 것을 감안하면 프랑스 혼자서 극단적으로 낮은 점수를 보인 것은 아니다. 오히려 많은 국가들이 예산에 관련하여 시민참여를 반영시키지 못한다고 보는 것이 더 합당한 해석이라고 볼 수 있다. 예산에 있어서 시민참여는 절차에 따라서 4가지로 볼 수 있다: 형성, 입안, 실행, 감사가 그것이다. 프랑스는 형성에서 20점, 입안에서 55점 그리고 실행과 감사에서는 0점을 얻었다. 시민이 참여하는 감사는 0점이지만 국회에서 행정부에 하는 감사와 감사원에서 하는 감사가 없는 것이 아니다. 입법부에서하는 감사는 95점 그리고 감사원에서 하는 감사는 78점으로 비교적 제대로 된 감사활동이 있는 것으로 평가된다.

5. 독 일

독일에서도 유럽연합을 이끌어가는 국가답게 투명성 정책을 시행하고 있다. 투명성의 기초가 될만한 독일기본법(Grundgesetz für die Bundesrepublik Deutschland)의 제5조 제1항에서는 "모든 사람은 자신의 의사를 단어, 문서, 그리고 영상을 통하여 자유롭게 표현하고, 전달하고, 일반적으로 접근가능한 정보원으로부터 방해받지 않고 정보를 제공받을 권리를 가진다"라고 규정하고 있다(박진완, 2019).

독일도 여타 여러 선진국과 마찬가지로 열린정부 파트너십(Open Government Partnership)에 가입하여 정부투명성을 진작시키려고 노력하고 있다. 독일은 연방제 국가이다. 그러므로 연방정부(Bundesregierung)가 일방적으로 지방 주정부(Länder)에게 지시할 수는 없다. 그래서 중앙정부는 지방 정부의 자발적인 참여를 이끌어 내려고 노력한다. 투명성 정책이 정파에 따라서 의견을 달리하는 부분이 아니라서 적극적으로 중앙정부 주도의 투명성 정책에 동조하고 있다.

독일정부는 열린정부 파트너십(Open Government Partnership)과 연관하여 크게 7가지의 목표를 두고 일을 진행시키고 있다(Open Government Partnership, 2019). 첫째는 지방정부 기반의 열린정부 랩

(lab)설치다. 16개의 지역기반 열린정부 랩을 설치하여 시민참여와 융합된 투명성을 추구하였다. 둘째는 독일연방정부의 외교부에서 이끄는 외교정책에 대한 시민들의 참여이다. 전통적으로 외교정책은 시민들의 의견이 덜 반영되는 분야이다. 하지만 시민들은 외교정책이라고 하더라도 의견을 충분히 낼 수 있다. 시민들의 여러 고견을 듣기 위해서 먼저 외교부에서 여러 정보를 공개하였다. 외교에 관한 정보공개로 공론형성을 위한 시민들의 참여를 유도한다.

셋째는 젊은 세대의 참여를 독려하는 것이다. 이와 관련해서 독일에서 진행하고 있는 정책으로는 행정서비스 디지털화가 있다. 또한 학교에서 디지털 기술 교육을 시키고 있다. 사람들이 디지털 기술을 제대로 습득하지 못한다면 아무리 정부에서 데이터를 많이 공개하더라도 제대로 이용하지 못할 수 있다. 그리고 조기교육을 통해서 디지털로 직접 참여하는 것을 배운다면 어른이 되어서도 국정운영에 투명성을 자연스럽게 요구할 수 있다.

넷째는 디지털 기술을 활용하여 행정의 혁신을 일으키는 것이다. 전자정부는 이론 부분에서도 언급한 바 있듯이 정부와 시민간의 관계 개선도 도모하지만 정부 안에서 행정처리도 향상시킨다. 디지털 기술이 활성화되기 전에는 정부 안에서도 정보가 제대로 공유가 되지 않았다. 정부 내 정보공유를 활성화시키면 정부가 일을 하는데도 더 효과적으로 할 수 있다.

다섯째 국제원조투명성협약(International Aid Transparency Initiative: IATI)의 규정에 맞는 원조행정을 구현한다. 독일은 세계 2차 대전 패배 후에 소위 라인강의 기적이라는 이야기를 들으며 경제 선진국으로 거듭났다. 그리고 현재 경제적으로 어려운 국가들을 돕는 위치에 있다. 어려운 나라에 원조를 하는 것은 바람직한 일이다. 하지만 원조하는 자금이 제대로 노정되지 않는다면 유용될 가능성이 있다. 그러므로 원조하는 용처에 대한 구체적인 정보가 공개되어야 한다. 국제원조투명성협약은 국제적으로 이루어지고 있는 인도적인 원조가 어떻게 이루어지는 파악한다. 독일 정부는 이 단체에서 내놓은 규정에 맞게 정보를 공개한다.

6. 스위스

스위스는 얼핏 생각하면 투명성과는 거리가 먼 나라라고 생각할 수 있다. 왜냐하면 스위스 은행의 비밀계좌는 악명이 높을 만큼 철저한 기밀성을 지키기 때문이다. 하지만 이 기밀성은 은행에 해당되는 것이지 전반적인 국정운영에까지 영향을 미치는 것은 아니다. 오히려 다른 나라는 좀처럼 하지 않는 투명성 정책을 만들려고 해서 사회적인 관심을 끌었다. 이에 스위스에서 진행되고 있는 임금 공개 정책(Pay transparency)에 대해서 알아보도록 하겠다.

임금투명성에 대한 논의의 시작은 양성불평등에서부터 시작되었다. 근로자의 능력과 성과의 차이에 따라서 급여가 달라지는 것은 이해가 쉽게 된다. 그런데 임금에 있어서 동일노동 동일임금의 원칙이 이루어지고 있는지를 확인하려면 다른 사람의 임금을 알 수 있어야 한다. 구조적인 성별에 따른 차이가 있는지 확인하기 위해서 임금공개를 시도하는 것이다.

임금투명성에는 크게 세 가지 종류가 있다. 첫째는 임금책정 과정 투명성(Pay process transparency)으로 근로자의 임금이 어떻게 정해지는지의 정보가 공개되느냐이다. 예를 들어, 기본급의 경우에는 근로자의 성과, 기술, 능력, 지식, 근로자의 경력, 직위에 따라 어떻게 결정되는지 알 수 있다. 이 부분은 근로자에게 회사에서 기본급, 개인성과급, 팀성과급 같은 부분이 어떻게 책정되는지 투명하게 전달되는지 물어봐서 측정할 수 있다.

둘째는 임금결과 투명성(Pay outcome transparency)으로 근로자가 얼마나 임금을 받는지 공개하는 것이다. 모든 사원에게 개인 임금을 모두 공개하는 경우가 가장 투명한 것이다. 그 다음으로 투명한 경우가 집단에 따라 얼마큼의 임금이 주어지는지 보여주는 것이다. 세 번째는 총합된 임금 정보를 보여주는 것이며 가장 불투명한 경우가 임금에 대한 최소한의 정보만 주거나 정보를 주지 않는 경우이다.

세 번째는 임금논의 투명성(Pay communication transparency)이다. 이는 근로자가 임금에 대해서 얼마나 자유롭게 논의할 수 있는 지 여부이다. 가장 투명성이 높은 것은 그 어떤 제한 없이 기탄없이 이야기할 수 있는 것이다. 그 다음 높은 것이 비공식적으로 이의제기를 제한하는 경우이다. 그 다음이 공식적으로 이의를 제한하는 것이다. 그 다음으로 투명성이 낮은 것이 공식적으로 이의를 막는 것이다. 가장 투명성이 낮은 경우는 이의를 제기할 경우에 처벌하는 것이다.

임금투명성이 올라간다면 임금결정에 대한 의문을 덜 가지게 될 것이다. 하지만 임금투명성에는 치명적인 문제가 있는데 그것은 바로 프라이버시의 침해이다. 만약에 투명성으로 인하여 얻는 여러 가지 장점이 프라이버시 침해보다 크다면 임금투명성 정책을 실행해볼 만하다.

7. 네덜란드와 벨기에

네덜란드와 벨기에는 투명성 정책에 있어서 선도적인 위치를 점하고 정보공개에 앞장 서고 있다. 이 두 나라에서는 모두 이미 언급한 투명성 정책을 모범적으로 실시하고 있다. 투명성 정책의 큰 흐름보다는 특별히 언급할 점만 간단히 살펴보도록 하겠다.

네덜란드에서는 공공부문정보 재사용(Wet hergebruik overheidsinformatie)법안을 통해서 허락을 맡은 경우에 정부정보를 상업적으로든 비상업적으로든 사용할 수 있게 하였다. 2015년에 시행된 이 법안의 주요 목표는 경제가치 창출이다. 지식경제사회에 있어서 정보는 매우 중요한 자원이다. 정부가 가진 정보는 사용하는 사람에게 중요한 아이디어의 원천이 된다. 정부가 공개한 정보를 개인 혹은 기업이 사용해서 새로운 아이디어를 낼 수 있다. 이러한 새로운 아이디어가 모여서 혁신적인 창업 구상으로 이어질 수 있다. 물론 구체적으로 정보공개가 어떻게 혁신으로 연결되었는지에 대한 실증자료는 부족하지만 충분히 시도해 볼만한 제도라고 볼 수 있다.

벨기에에서 2017년에 실행된 햇살법안(Sunshine Act)도 투명성과 관련하여 눈여겨 볼만하다. 이 법안은 의료업계의 정보를 공개하게 한 법안이다. 의료정보는 국민건강에 핵심적인 역할을 한다. 여기에 관련된 의료종사자는 광범위해서 일반 의사, 치과의사, 간호사, 약사, 수의사, 물리치료사, 간호조무사, 병원전문인력 등을 망라한다. 벨기에에서는 의료기관, 제약업계, 보험업계, 환자단체 등 건강 관련된 모든 당사자들이 정보를 공개하는 노력을 하고 있다. 여기에서 의료업체란 벨기에에서 설립되었든 외국에서 설립되었든 상관이 없다. 공개되는 정보에는 보험료, 의료 서비스에 대한 비용, 의료기관에 보내진 기부금, 환자단체에 대한 지원금, 의료단체에 대한 학술연구비 보조금 등이 모두 포함된다. 회사에서는 증빙서류를 10년간 보관해야 한다. 물론 모든 정보를 공개할 필요는 없다. 예를 들어, 약소한 선물이나 과학행사에서 제공되는 다과 또는 의료기기를 판매할 때 얼마나 할인하여 판매하는지는 공개할 필요가 없다고 규정되어 있다.

8. 스칸디나비아 국가들

스칸디나비아 국가라고 불리는 스웨덴, 노르웨이, 덴마크는 투명성에 있어서 선두그룹에 속하는 나라들이다. 이 국가들이 여러 공통점을 보이는 이유 중 하나는 원래 이 나라들은 Kalmar Union으로 하나의 공동체 안에 속해 있었기 때문이다. 그리고 비교적 최근이라고 볼 수 있는 1905년에 노르웨이는 스웨덴에서 독립했다.

옴부즈만 역사에 있어서 시초가 되는 것은 1713년 스웨덴의 찰스 12세가 공무를 집행하는 사람들이 제대로 법을 지켜가며 일하는지 알아보기 위해서 Hogstar Ombudsamannen을 임명한 것이다(Orfield, 1966). 하지만 지금의 형태의 옴부즈만이 나타난 것은 1809년이었다. 정부를 감시할 수 있는 직책인 Justlieombudsman에서 옴부즈만이라는 단어가 유래하였다. 이 단어는 시민의 보호자 혹은 사람들의 대표자 정도로 번역될 수 있다. 이 옴부즈만은 이제 스칸디나비아 반도 국가들뿐만 아니라 세계 도처의 여러 국가에서 활용되고 있다. 옴부즈만 제도는 스웨덴의 오랜 법치에서 비롯되었다(Jagerskiold, 1960). 물론 옴부즈만 자체가 투명성을 말하는 것은 아니다. 하지만 옴부즈만은 내부고발자를 보호하고 정부 안에서 벌어지고 있는 악습을 고쳐서 간접적으로 투명한 정부를 만드는데 일조한다(OECD, 2018). 이러한 이유로 노르웨이 국회의 옴부즈만에서는 Open Government Partnership에 참여했다.

현재 스웨덴의 경우 국회에 옴부즈만(Riksdagens ombudsman)이 설치되어 있다. 옴부즈만이 탄생한 국가답게 스웨덴 헌법 13장 6조에 따라 국회가 옴부즈만을 임명하게 되어 있다. 그리고 이 옴부즈만은 공무원의 잘못된 재량 사용같은 행정부의 병폐를 고치기 위해서 시민들의 목소리를 적극적으로 듣고 있다. 이러한 과정을 통해서 더 책임감 있는 행정부가 될 수 있도록 도모한다. 2020년 기준으로 매해 만 건에 가까운 고충을 처리하고 있고 이의를 제기할 수 있는 사람에 대해서 폭넓게 허용하고 있다. 스웨덴인이 아니어도 되고, 스웨덴에 살지 않아도 된다. 그리고 나이의 제한도 없다.[5)]

노르웨이의 옴부즈만은 Sivilombudsmannen으로 불리는데 전형적인 옴부즈만으로 국회에 속해 있으며 시민들이 행정부의 잘못된 점을 신고하는 것을 접수하고 조사한다. 기본적으로 행정부에 의해서 부적절한 대우를 받은 사람이 신고할 수 있다. 그리고 법률기관의 도움을 받아서 신고를 할 수도 있다. 또한 수형자와 같이 기본권이 제한된 경우에는 그들의 신고를 비밀리에 할 수 있게 제도를 보장하고 있다. 그런데 행정청의 결정에 대해 불만이 있다고 바로 옴부즈만에 신고할 수 있는 것은 아니다. 일단 행정청에게 불만을 제기하는 것이 선행조건이다. 불만이 제기된 후에 해당 행정기관이 자체 조사를 한 후 궁극적인 결정을 한 뒤에도 시민이 불만이 있을 경우에 옴부즈만에 이의를 제기할 수 있는 것이다. 물론 행정청이 매우 느리게 대응을 한다면, 종결판단이 나오기 전에 옴부즈만에 예외적으로 신고할 수도 있다. 이의 제기는 행정기관의 마지막 결정이 있은 후 1년 안에 제기를 해야 한다. 옴부즈만이 이의를 받아들이는 영역은 법을 집행하는 행정기관의 거의 모든 부분을 포함한다. 예를 들어, 연금, 세금, 사회복지, 건강보험, 경찰 등 행정서비스의 거의 모든 부분을 망라한다. 하지만 예외가 있다. 불만이 있어도 신고의 대상이 되지 않는 영역으로 법원이 결정한 재판결과, 국회나 지방의회가 결정한 판단, 노르웨이 왕실이 내린 결정, 그리고 사인 간의 분

5) 자세한 것은 스웨덴 옴부즈만 홈페이지인 https://www.jo.se/en/에 나와 있다.

쟁은 옴부즈만의 대상이 아니다. 불만에 대한 이의 제기 비용은 무료이고, 처음 옴부즈만에 불만을 제기한 후 3주 안에 예비적 답변을 받게 된다.6)

덴마크에서는 1955년에 국회에 옴부즈만(Folketingets Ombudsmand)이 생기면서 활동을 시작했다. 주로 행정에 대한 불만을 처리하는 일을 하고 있고 연간 5천여 건의 고충처리를 하고 있다. 옴부즈만은 법적인 결정을 하지는 않고, 행정부에 문제가 있을 경우 권고안을 제공한다. 그리고 특별히 고충에 대한 민원이 직접적으로 없더라도 언론의 관심이 된 행정부의 문제를 자체적으로 조사하기도 한다. 덴마크 옴부즈만의 특징은 국내적인 고충을 처리할 뿐만 아니라 국제적으로도 옴부즈만의 긍정적인 영향을 전파하려는 데 있다. 물론 관할권이 없는 해외의 문제를 해결하려는 것이 아니라 여러 워크샵이나 국제적 옴부즈맨 연합을 활성화를 도모하려는 노력을 하는 것이다.7)

9. 캐나다, 호주, 뉴질랜드

캐나다, 호주, 뉴질랜드는 영연방(British Commonwealth) 국가로서 공통점이 많다. 캐나다는 투명성을 국정운영의 기본으로 삼고 시행하고 있다. 특히 미국처럼 열린 정부(Open government)를 표방하고 있다. 이 열린 정부는 열린 자료(Open data), 열린 정보(Open information), 그리고 열린 대화(Open dialogue)로 구성되어 있다. 특히 시민의 세금이 어떻게 쓰이고 있는지를 보여주는 데 힘을 쓰고

---

6) 자세한 것은 노르웨이 옴부즈만 홈페이지인 https://www.sivilombudet.no/en/에 나와 있다.
7) 자세한 것은 덴마크 옴부즈만 홈페이지인 https://www.ombudsmanden.dk에 나와 있다.

있다. 예를 들어, 2004년 이후 캐나다 정부는 캐나다 달러 1만불 이상의 도급에 대해서는 무조건 그 내용을 공개하는 결의를 하였다.

캐나다에서도 옴부즈만을 시행하고 있는데 특이한 것은 세금옴부즈만을 운영하는 것이다. 시민들이 행정에 대해 가장 즉각적으로 불만을 갖을 수 있는 부분이 과세부분이다. 캐나다 세금옴부즈만은 다양한 세금관련 업무의 문제점에 관여하고 있다. 특히 납세자의 8대 권리가 잘 지켜지는지 보고 있다: ① 전문적이고 예의 있고 공정하게 대우받을 권리; ② 국세청으로부터 완전하고, 정확하고, 명확하고, 적절한 시일 내에 정보를 받을 권리; ③ 불만을 제기할 권리와 국세청으로부터 설명을 들을 권리; ④ 세금이 부과되었을 때 필요한 비용이 고려될 권리; ⑤ 국세청이 책무성있게 일하는 것을 기대하는 권리; ⑥ 국세청이 매년 서비스 기준과 보고서를 발간할 것을 기대하는 권리; ⑦ 국세청이 시의적절하게 의구심이 드는 세금체계에 대해서 고지할 권리; ⑧ 납세자가 지정한 사람에게 대리받을 권리가 있다.

호주에서도 투명성에 대한 정책을 시행하고 있다. 예를 들어, 2008년 호주정부에서는 인력충원에 있어서도 공직의 대부분을 실력은 물론 투명한 과정을 통해서 채용하는 정책을 펼치고 있다. 호주는 연방제 국가로 6개의 주가 각자의 자치권을 가지고 지방정부를 운영하고 있다. 그 중 Western Australia는 1972년 호주에서 가장 먼저 옴부즈만 제도를 도입하여 시행하였다.

이 옴부즈만은 주의회에 속하여 주행정부와는 독립적으로 공공기관의 잘못된 전횡에 대해서 조사를 한다. 특이한 점은 공교육의 문제가 풀리지 않는 경우, 옴부즈만에 도움을 요청할 수 있는 것으로 대학의 행정처분도 주 옴부즈만의 관할에 들어간다는 점이다. 그리고 옴부즈만은 아동사망과 가정 내 폭력에 대해서도 조사할 권한이 있다. 예를 들어, 2살 이하의 영아가 죽었는데, 그 아이의 부모에게 문제가 있었을 것으로 추정되는 경우에는 조사가 들어갈 수 있다.

또한 행정전반에 걸쳐있는 문제를 선제적으로 조사할 수 있다. 예를 들어, 청소년이나 청년층에서 행해지는 자살을 방지하기 위한 노력을 한다. 또한 어려운 시민들의 체납을 확인하는 작업을 한다. 그 외 법적조항의 문제점이 있는지 조사를 할 수 있다. 특히 비슷한 불만이 얼마나 올라오는지, 문제 사항이 시민들에게 얼마나 영향을 주는지를 파악하여 조사할 수 있다.

뉴질랜드도 투명성에 대한 정책을 시행하고 있다. 그 중 눈여겨보아야 할 부분은 경찰옴부즈만(Independent Police Conduct Authority)이다. 1989년 이전에는 시민의 경찰업무에 대한 불만은 경찰 내부에서 처리되었다. 경찰의 문제점이 내부에서 처리된다면 제대로 처리될 가능성이 적다. 즉, 고충에 대한 처리가 투명하게 이루어지지 않는다면 시민들은 그 업무처리에 대해 확신할 수 없다.

경찰옴부즈만은 경찰의 권한남용, 근무태만에 대한 감시부터 경찰업무의 정책까지 광범위하게 직무를 수행한다. 경찰옴부즈만은 온라인, 방문, 우편, 팩스를 통해서 경찰행위와 관련된 소원을 수리하고 있다. 경찰에 대한 불만을 제기하기 위해서는 기본적으로 인적사항을 적어야 한다. 그리고 경찰의 언제 어떠한 행동이 문제가 있는지를 소상히 적어야 한다. 그리고 문제가 된 경찰관의 이름(모를 경우는 인상착의)을 적어야 한다. 추가적으로 문제의 사건을 목도한 증인같이 사건을 해결하기 위해 도움이 될 만한 사람들의 정보도 적으면 좋다. 사건이 너무 경미한 경우에는 경찰옴부즈만은 조사에 착수하지 않을 수 있다. 물론 국회에서 설립한 경찰옴부즈만은 경찰과는 독립해서 운영된다. 특히 경찰의 중대한 위책사항은 독립적으로 조사를 한다. 다만 문제가 경미할 경우에는 경찰의 협조를 얻어서 수사를 진행하기도 한다.

10. 일 본

일본은 경제적으로는 오래전부터 선진국에 반열에 올라 G7 국가 중 하나이지만, 행정투명성에 있어서는 선도적인 위치를 차지하지 못하고 있다. 정부투명성에 큰 도움을 주는 정보공개법은 1999년에 제정되어 있는데 우리나라보다 늦게 제정된 것이다. 일본의 비밀행정은 아직도 지속되고 있다. 일본정부는 행정정보 공개제도를 소극적으로 해석하여 운영하고 있다(이자성, 2004). 2011년 후쿠시마 원자력 발전사태 이후 보여준 일본정부의 정보비공개는 아직도 일본이 가야할 길이 멀다는 것을 암시한다(송희준 외, 2012).

일본에서도 미국 정보공개법처럼 <Vaughn Index>가 마련되어 있다(김배원, 2000). 그리고 일본이 우리나라와 달리 미국을 추수하는 것은 그로마 거부(Glomar denial)에서 찾아볼 수 있다(송희준 외, 2012). 그로마 거부란 정보의 존재여부를 알리는 것이 정보의 공개를 의미하는 경우에 아예 청구정보의 존재여부를 알라지 않는 것을 말한다.

일본에서는 내부고발자 보호를 공익통보자보호(公益通報者保護)라고 지칭한다. 처음 일본에서 내부고발자에 대한 보호가 필요하다고 사회적인 문제로 떠오른 것은 식품위장표시사건이었다(김성천, 2005). 이 사건은 회사 내부의 불법적인 행위를 잘 아는 사람이 아니면 알기 어려웠다. 회사 내의 불법행위로 인하여 사회적인 손실이 큰 이상 내부고발을 하는 사람을 정부는 보호해야한다. 이러한 이유로 2004년에 공익통보자보호법이 통과되었다. 후생노동성이 공익통보자보호를 주관한다. 이 법에 따르면 내부고발을 한 사람을 광범위하게

보호할 것으로 되어 있다. 이 법에 따르면 내부고발자는 해고는 물론이거니와 감등, 감봉, 퇴직금 미지급 등 각종 불이익(降格、減給、退職金の不支給その他不利益な取扱)을 받지 않도록 되어 있다. 2022년에 수정된 법안에서는 보호받는 공익통보자 범위를 넓혔다(김형진, 2022). 법만 본다면 충분히 조직 내의 문제점을 고발할 것 같다. 하지만 문제는 내부고발은 배신이라고 보는 사회적 문화로 인하여 내부고발문제가 활성화되지 않았다(박흥식, 2004).

11. 중 국

중국은 1979년 등소평의 개혁개방 정책 이후 빠른 성장을 보여왔다. 하지만 투명성에 있어서의 발전은 비교적 더디게 나타났다. 1980년대 말부터 행정을 효율적으로 운영하기 위해서 사무자동화를 시도하였고, 1993년에 이루어진 3금공정(三金工程)을 통해서 전자정부를 구축하려고 하였다(진설 · 최석범, 2011). 그 후 1997년에 국가정보화 계획을 수립하고 1999년 경제사회개발 10/5 계획의 주요 목표로 행정에 있어서 부패 척결을 의도하고 정부온라인공정을 시행하였다(정종필 · 이장원, 2015). 물론 전자정부의 도입이 곧 투명성의 증진을 뜻하는 것은 아니지만 그럼에도 불구하고 인민들이 그들의 정부에 대한 정보를 어렵지 않게 열람할 수 있는 토대가 생긴 것은 분명하다.

특히 금자공정(金字工程)으로 불리는 사업이 전자정부 구축과 밀접하게 관련이 있다. 우선 이 정책은 3가지 목표를 기반으로 실행되었다. 첫째는 행정효율성을 증진시키기 위해서 공공사무자원시스템을 구축하는 것이다. 둘째는 국가의 재정활동에 있어서 투명성을 확보하고자 금세(金税-전자세무행정), 금관(金關-전자관세행정), 금재(金

財－정부재정관리시스템), 금카(金卡－금융관리감독), 금심(金審－재정관리감독)을 중점으로 전자화를 시킨다. 그리고 셋째는 사회질서확립 및 발전을 위한 금순(金盾－인터넷감찰), 금농(金農－농촌정보화), 금수(金水－수자원관리정보화), 금질(金質－식품위생, 검역관리 정보화) 등의 세부항목이 있다(정종필 · 이장원, 2015).

하지만 중국의 민주주의의 발전은 경제발전만큼 빠르지 않았다. 그럼에도 불구하고 국제화에 흐름을 중국도 도외시할 수는 없었다. 2008년에 열린정부에 대한 법안을 발표하면서 투명성에 대한 진전을 이룩하려고 했다(Deng, et al., 2013; Yu. 2011). 하지만 각종 투명성 지표에 따르면 중국 정부의 투명성은 아직 낮은 편이고 진전도 크게 더딘 편이다.

하지만 여러 발전을 통해서 중국 공민들이 정부 홈페이지로 의견을 전달할 수 있는 수준에 이르렀다(정연정, 2013). 적어도 형식적인 의미에서 투명성을 확보하는 절차는 마련되어 있다. 하지만 실질적인 의미에서 투명성이 확보되었다고 말하기에는 여러 부분이 미진하다. 전자정부 외에 미적지근하게 진행되어왔던 정부의 정부공개는 2003년에 있었던 SARS(사스) 문제로 가속도를 밟게 되었다(Xiao, 2010). 하지만 2019년 말에 발생하였던 코로나 사건은 중국의 비밀주의가 중국 내 뿐만 아니라 세계에도 큰 악영향을 미칠 수 있음을 보여주었다.

2001년 WTO에 중국이 가입하면서 세계화의 물결에 동참하였다. 하지만 정치적 자유에 있어서는 발전이 미진한 편이다. 특히 경제적으로는 자본주의가 통용되는 사회가 되었지만 정치적으로는 아직도 공산당이 막강한 힘을 발휘하고 있다. 문제는 자유민주주의 사회가 행정부, 입법부, 사법부로 힘이 나누어져 견제를 하며 서로 정보공개를 요구한다. 그런데 중국에서는 공산당이 강력한 영향을 주는 국가이기 때문에 입법부 역할을 하는 전국인민대표회의나 행정부 역할을 하는 국무원이 서로 견제할 수 있는 기능이 현저히 떨어진다.

중국에서는 페이스북이나 트위터 같은 미국 소셜미디어가 차단되어 있지만 중국 소셜미디어가 없는 것은 아니다. 중국정부에서는 웨이보를 통해서 정부의 정보를 공개하고 홍보하고 있다(Chen et al. 2016). 그러나 중국정부에서는 여러 가지 이유로 소셜미디어를 통해서 정부 정보를 공개하는 것을 우려하고 있다(Zheng, 2013). 그래서 정부가 운영하는 사회연결망 서비스를 통한 일방적인 정책홍보에 치중되어 있다(Zheng & Zheng, 2014). 그럼에도 불구하고 중국에서 온라인에서는 활발히 사회문제에 대해 이야기가 오가고 있고 현실세계의 의제설정(agenda-setting)에 영향을 주었다(Luo, 2014). 앞으로 중국의 온라인을 통해 형성된 여론이 어떻게 정부투명성에 영향을 줄지는 시간을 두고 살펴보아야 할 과제다.

제6장

대한민국의 노력과 발전

1. 우리나라 정부투명성의 연혁
2. 우리나라 투명성 지수
3. 정보공개법
4. 우리나라 정부투명성 관련 추후과제

제6장

대한민국의 노력과 발전

1. 우리나라 정부투명성의 연혁

우리나라에 투명성이 논의가 되고 발전된 것은 우리나라의 긴 역사 속에서 비교적 최근의 일이라고 볼 수 있다. 왕정시대였던 조선시대는 물론이고 그 후의 일본강점기 때에는 여타 여느 나라처럼 투명성에 대한 이야기가 논의되지 않았다. 광복이 된 후에도 우리나라는 남과 북이 갈라져서 친탁, 반탁 운동이 첨예하게 대립했다. 그 후 미국이 임시적으로 국가를 운영했다. 그리고 이승만이 대통령으로 선출된 후 얼마 지나지 않아 전쟁이 일어나 민족상잔의 비극을 겪었다. 종전 후 우리나라는 지독한 가난을 경험했고 자유당 정권 연장에 맞서 4.19 민주혁명이 일어났다. 그 후 얼마 지나지 않아서 5.16 군사정변이 일어났고 긴 군사독재의 시대에 돌입하였다. 박정희 대통령이 서거한 후 전두환이 쿠데타를 일으켜 정권을 잡게 되고 군사독재는 연장되었다. 이때까지는 정부와 시민과의 관계에 있어서 정부의 힘이 압도적으로 강해서 국민들이 정부에게 당당히 정보를 요구하는 토대가 제대로 마련되지 않았다. 이러한 시기를 지나 민주화

운동으로 마침내 대통령 직선제를 다시 쟁취했다. 비록 군사독재의 당사자인 노태우가 당선되었지만 정부투명성이 논의가 될 사회적 토대가 서서히 마련되기 시작했다. 그리고 문민정부가 출범한 1993년 이후 정부투명성에 논의가 속도를 내기 시작한 것을 감안하면 우리나라에서 투명성이 논의된 것은 30년 남짓밖에 되지 않았다.

장용석・송은영(2008)은 1990년 이전의 군사정부까지를 보안의 시대, 그리고 1990년대 초중반을 기술적 투명성이 강조되던 시기, 그리고 1990년 후반부터 절차적 투명성이 강조되던 시기로 나누어보았다.

우리나라에서 처음 정부가 가진 정보에 대해서 시민이 요구할 수 있는 법적인 토대가 마련된 것은 1991년 청주시의회의 정보공개조례이다(박나라・이종수, 2010). 박정희 정권이후 자취를 감춘 지방의회는 오랜 진통 끝에 1991년에 부활하였다. 당시 노태우 대통령은 군부 쿠데타 출신이지만, 민주화의 열망에 의해 대통령 직선제가 시행되었기 때문에 전과 같은 독재권력을 휘두르기는 어려웠다. 이러한 상황에서 시민이 정부에 대해 정보를 청구할 수 있는 환경이 조성되었다.

김영삼 정부(1993~1998)에서 정부투명성 부분에 남긴 가장 큰 족적은 정보공개법의 시행이었다. 14대 대통령 선거에서 대부분의 후보들은 정보공개법을 공약으로 삼았다(성낙인, 1997). 문민정부의 김영삼 대통령은 군사 쿠데타의 주역이었던 전임 노태우 정부와의 차이점을 두기 위해서 국민들의 권익을 실현하기 위한 행정쇄신안을 실행하였다. 1994년에 국무총리 훈령인 <행정정보공개 운영지침> 제정되고 시행되었으며, 같은 해 정보공개법안 심의위원회가 발족되어 법안 심의를 거쳤다(행정안전부, 2017). 1998년 1월에 시행된 정보공개법은 이와 관련된 행정절차법과 함께 국민의 알권리와 행정투명성을 향상시키기 위해서 시작되었다(국정신문, 1997). 서구권 선진국 국가에 비해서 늦었다고 볼 수 있지만 아시아에서는 첫 번째로 정보공개법이 시행되었다.

김대중 정부(1998~2003)에서는 정부투명성에 대한 기조가 있었는데 특히 기업에 대한 투명성도 강조하였다. 국민의 정부는 수권할 때부터 동아시아 경제위기(소위 IMF 경제위기)를 대처해야 했다. 우선 국제통화기금(IMF)을 비롯한 외국투자자들의 압박이 있었는데 근본적으로 더 많은 투명성을 요구하였다. 그리고 국민의 정부라는 이름에 걸맞게 국민의 권익을 대변하기 위해 과거의 권위적인 모습에서 벗어나 국민이 정부에 대해 더 많은 권익을 가질 수 있게 하였다.

김대중 정부는 시기상 인터넷이 급속히 퍼지던 시대와 겹쳐 있었다. 즉, 정부투명성을 확보할 수 있는 기술적 도구가 있었다. 앞서 이론 부분에서 설명한 바 있듯이 인터넷 기술을 기반으로 한 전자정부가 바로 투명성을 의미하지는 않는다. 하지만 전자정부가 정보공개하는데 있어서 비용적인 부분을 획기적으로 감소시켜 투명성 증진에 큰 역할을 하였다. 2001년 대통령직속 전자정부특별위원회를 설치하고 국민지향적 민원서비스 향상을 위해 노력하였다(정충식, 2004). 또한, 2002년에는 정부가 전자조달시스템을 정착시켰는데 이는 투명성을 획기적으로 증가시켰다(김대인, 2005).

노무현 정부(2003~2009)는 이전 정부였던 국민의 정부의 기조를 이어받았다. 그리고 '참여정부'라는 이름을 표방할 만큼 시민의 참여를 강조하였고 발달하는 인터넷 환경에 발맞추어 전자적 국민참여를 확대하려고 했다. 우선 정부가 일하는 방식을 혁신하기 위해서 전자적 업무처리를 정착시키고, 행정정보 공동이용을 확대하였으며 서비스 중심으로 업무를 재설계하였다. 그리고 정보자원관리를 혁신하고자 정보자원 통합 및 표준화에 박차를 가하였으며 정보보호 체계를 강화하였으며 전자정부 관련 법제를 정비하였다(정충식, 2004).

구체적으로 2006년에는 통합정보공개시스템을 개통하여 온라인을 통한 서비스를 제공하기 시작했다(김승태, 2009). 그 결과로 정부는 정부정보공개 사이트(www.open.go.kr)를 개설하였고 온라인에서 쉽게 정보공개를 청구할 수 있는 창구를 마련하였다. 이 뿐만 아니라 국책연구소에서 발간하는 자료를 쉽게 볼 수 있는 프리즘(www.prism.go.kr)도 2006년에 개설하였다. 그리고 비슷한 시기에 공공기관의 정보를 공개하는 알리오(www.alio.go.kr), 지방자치단체 행정정보를 알려주는 내고장살림(www.laiis.go.kr), 지방공기업의 경영정보를 알려주는 클린아이(www.cleaneye.go.kr), 중앙정부 및 지방자치단체의 재정정보를 포괄적으로 알려주는 지방재정365(lofin.mois.go.kr) 등이 만들어졌다.

이명박 정부(2009~2013)에서는 참여정부와는 국정분야의 많은 부분에서 정책적인 기조를 달리하였으나 정부투명성에 있어서는 맥을 같이 하였다. 특히 자유경제시장원리를 추구하는 이명박 정부에서는 원활한 정보의 흐름은 매우 중요한 사안이라고 볼 수 있었다. 그러므로 정부의 정보를 공개하는 흐름을 거스를 이유는 없었다. 다만, 특별히 투명성을 제고하는 적극적인 정책을 펼친 것은 아니었다.

박근혜 정부(2013~2017)에서는 국정운영 기조로서 정부 3.0을 주창하였고 공개, 공유, 소통하는 투명한 정부를 핵심국가전략으로 삼아 추진하였다(최용전, 2014; 이희재, 2015). 특히 박근혜 정부의 창조경제와 정부혁신 정책과 결을 같이 하며 정부 3.0은 추진되었다(김하균·신열, 2017; 신열, 2017).

정부 3.0은 웹 3.0에서 영감을 받은 정책으로 막대한 정보의 양을 필요에 따라 사용자에게 맞춤형으로 제공하는 시스템을 말한다(김대종, 2014). 현실에서는 정부 1.0, 정부 2.0 그리고 정부 3.0이 현실적으로 명확하게 나누어지지 않는다. 다만 이론적으로 정부 1.0은 정부가 주도하여 공공서비스와 정보를 제공하고, 정부 2.0에서는 정부와 민간이 협동하고, 정부 3.0에서는 국민이 주도하여 정책을 이끌어간다는 의미로 국민 개인 맞춤별 정보를 제공한다는 의미를 가지고 있다(최용전, 2014).

구체적으로 안전행정부는 정부 3.0을 '공공정보를 적극 개방공유하고, 부처 간 칸막이를 없애고 소통 협력함으로써 국정과제에 대한 추진동력을 확보하고 국민 맞춤형 서비스를 제공함과 동시에 일자리 창출과 창조경제를 지원하는 새로운 정부운영 패러다임'이라고 정의하였다(방민석, 2013). 그리고 정부 3.0의 3대 과제로 공공정보를 적극 공유하는 투명한 정부, 부처 간 소통을 증대시켜 일을 잘하게 하는 유능한 정부, 그리고 국민 개개인에게 맞춤형으로 다가가는 서비스 정부를 표방했다(임성근 외, 2017). 이러한 면에서 정부 3.0은 전자정부를 한 단계 발전시킨 유비쿼터스 정부와 맥락을 같이한다. 유비쿼터스 정부는 개개인의 수요에 맞는 맞춤형 행정서비스를 목표로 하기 때문에 기존의 전자정부가 정부간, 정부와 시민 간 의사소통을 통한 신속한 서비스를 제공하는 것을 목표로 한다는 점에서 차이가 있다(정극원 · 정성범, 2006).

정부 3.0은 공공정보를 적극 개방, 공유한다는 점이 투명성과 밀접히 관계되어 있다. 특히 창조경제를 강조한 박근혜 정부에서도 정보공개를 미룰 이유는 없었다. 물론 최순실의 밀실정치로 정권이 몰락했지만, 일반행정업무에 있어서의 정책기조는 투명성을 강조하는 방향이었다. 예를 들어, <민원 24>를 발족하여 시민들이 원스탑으로 행정업무를 처리하는 기반을 마련하였다. 또한 2014년에 원문공개제도가 시행되어 정보공개포털을 통해서 정보공개 청구없이 선제적으로 정부문서가 공개되어 시민들이 많이 이용했다(행정안전부, 2017).

문재인 정부(2017~2022)에서도 정부투명성을 높이는 기조를 기본적으로 유지했다. 특히 문재인 정부에서는 실질적인 지방분권을 국정과제로 삼아 추진했다. 지방분권화에 있어서 정보공개는 중요한 역할을 한다. 그 이유는 정보소유에 있어서 중앙과 지방에는 불균형이 존재하는데 중앙에서 지방에 영향을 미치는 정책에 대해서 지방정부나 지방에 사는 시민은 오랫동안 정보부족에 시달렸기 때문이다(김승태, 2009; 여경수, 2015). 그러므로 중앙정부와 지방정부의 균등한 관계를 위해서는 정보공개가 필수적이다. 이러한 논리를 기반으로 문재인 정부에서 정보공개 확대라는 흐름을 거스르지 않았다. 이러한 큰 기조아래 중앙정부에서뿐만 아니라 지방자치단체 수준에서의 정부투명성도 발맞추어 증가하였고 지방재정을 시민들도 쉽게 열람할 수 있게끔 웹사이트를 구축하였다. 예를 들어, 서울시의 OPEN 전자조달시스템, 서울특별시 행정정보공표는 정부투명성을 높이는 플렛폼이다.

우리나라 역대 정권을 통해 알 수 있는 것은 문민정부 이후의 우리나라는 정치적 성향과는 관계없이 전반적으로 투명성을 향상시키는 방향으로 정책이 모색되었다는 점을 알 수 있다.

2. 우리나라의 투명성 지수

투명성은 다차원적인 개념이고 다양한 기관에서 다양한 측면을 측정하고 있다.

유엔은 격년으로 전자정부 발전 정도를 측정하고 있다. 앞에서도 언급한 대로 전자정부는 투명성 그 자체는 아니지만 정부의 정보를 효율적으로 공개할 수 있어 투명성을 볼 때 고려되는 지표다. 우리나라는 2010년부터는 2014년까지는 1위를 차지했고 그 후 1위가 아니더라도 항상 10위권 안에 드는 좋은 성적을 보였다.

표 6-1 연도별 우리나라 전자정부 발전 순위

연도	04	05	08	10	12	14	16	18	20	22
우리나라 순위	5	5	6	1	1	1	3	3	2	3
전체 나라 수	191	191	182	183	190	193	193	193	193	191

주: 측정명칭이 2008년에 E-government readiness index에서 E-government development index로 변했는데 구성요소는 대동소이하다.

1장에서 이미 살펴보았지만 투명성은 다양한 면을 포괄하고 있다. 정보가 공개되는 분야에 따라서 투명성의 종류를 달리 할 수 있는데 중요한 부분 중 하나가 정책결정분야이고 이에 대한 정보를 공개하는 것이 정책결정 투명성이다. 매년 세계경제포럼(World Economic Forum)에서는 국제경쟁력지수(Global Competitiveness Report)를 발표한다. 12개의 기준에 총 100개에 달하는 세부분야를 매년 측정하고 있고 그 중 하나가 정책결정에 있어서의 투명성(Transparency in policymaking)이다.

기업의 경영자급 사람들에게 물어보는 조사로 채점된다. 우리나라는 대체적으로 저조한 성적을 보였다. 조사된 140여개의 국가 중에서 100위 정도에 위치할 정도로 중국보다 더 낮은 하위권에 지속적으로 있었다. 물론 이 조사대상이 기업인에게 한정되어 있고, 질문이 "기업활동에 영향을 미치는 정책이나 규제에 대해서 얼마나 쉽게 정보를 얻을 수 있는가?"라는 한 문항으로 측정된다. 그래서 이 지수가 정말 정책결정 투명성인가에 대해서 의구심을 가질 수 있다. 다만 우리나라가 모든 부분에서 투명성이 높지 않다는 것을 보여준다.

매년 세계정의프로젝트(World Justice Project)에서는 법의 지수(Rule of Law)를 발표하고 있다. 이 지수 안에는 열린정부(Open government)를 측정하는 부분이 있다. 물론 이 지수가 각 국가의 투명성을 완벽하게 측정한다고 보기는 어렵지만 어느 정도 그 나라의

표 6-2 연도별 우리나라 정책결정 투명성 순위

연도	09-10	10-11	11-12	12-13	13-14	14-15	15-16	16-17	17-18
우리나라 순위	100	111	128	133	137	133	123	115	98
전체 나라 수	133	139	142	144	148	144	140	138	137

자료: 세계경제포럼(WEF)의 국제경쟁력 리포트(GCR)

투명성 정도에 대해서 가늠해 볼 수 있는 잣대를 제공한다. 2019년도 법의 지수 중 열린정부에서 우리나라는 126개국 중 21위를 차지하였다. 다른 나라의 상황을 살펴보자면 1위 노르웨이, 2위 핀란드, 3위 덴마크, 4위 스웨덴 등 북구 유럽나라들이 상위권을 차지하였다. 그 뒤를 이어 5위 네덜란드, 6위 호주, 7위 뉴질랜드, 8위 캐나다 등 민주주의가 확립된 나라들이 차지하였다. 그 외 주요 국가를 보면 영국이 10위, 독일이 11위 프랑스가 12위, 미국이 13위, 스페인이 20위, 일본이 22위였다. 우리나라가 차지한 21위의 경우에는 민주주의가 오랫동안 지속된 나라보다는 낮지만 그 외 세계 여타 나라의 평균보다는 나은 열린정부를 보유한다고 볼 수 있는 수준으로 파악할 수 있다.

표 6-3 연도별 우리나라 법의 지수 중 열린정부 순위

연도	10	11	12-13	14	15	16	17-18	19
우리나라 순위	5	14	15	13	10	22	22	21
전체 조사국가 수	35	66	97	99	102	113	113	126

비고: 2009년 이전 자료는 열린정부를 따로 구분하여 측정하지 않아서 2010년부터 자료를 소개하였다.

3. 정보공개법과 활용

우리나라 정부투명성을 획기적으로 늘린 것은 <공공기관 정보공개에 대한 법률>의 제정이다. 흔히 정보공개법이라고 불리는 이 법은 우리나라 정부가 가지고 있는 정보를 시민들이 청구할 수 있는 기틀을 마련한 법이다.[1] 이때 정보공개라고 함은 정보접근(Access)과 정보공표(Dissemination)을 모두 포함한다고 볼 수 있다(이기식, 1998). 그리고 정보공개법이라 함은 정보공개제도를 정하고 있는 법으로 형식적인 의미로는 <공공기관 정보공개에 대한 법률>을 말하지만 실질적인 의미로는 공공기관에 대한 정보를 청구하는 각종 법률, 시행령, 시행규칙 등을 포함한다(안상운, 2015).

정보공개법이 시행된 이후 꾸준히 시민들의 정보공개 청구가 이어져서 정보공개건수도 늘어나는 추세이다. 다만, 2003년에서 2004년으로 넘어가는 시기에 정보공개건수가 갑자기 줄어든 이유는 2004년 이후 정보공개 통계에서 공공기록물 관리에 관한 법률에 따른 국가기록원이 보유하는 기록물 자료에 대한 청구 및 처리에 관한 통계가 분리되어 공공기관의 정보공개에 관한 법률에 근거한 처리현황만 산출되었기 때문이다.

우리나라 정보공개의 시작은 1991년의 청주시 정보공개조례로 거슬러 올라간다. 우선 행정정보공개조례를 지방의회에서 의결했지만 청주시장이 재의를 요구했다. 그 후 지방의회에서 재의결하였다. 이

1) 정보공개는 정보공시와는 궁극적으로 정부의 정보가 시민에게 알려진다는 점에서는 비슷하지만 개념이 다르다(정순원, 2008). 우선 공개의 경우에는 국민이 요청한 것이지만 법으로 정한 사항을 공개하는 것이다. 하지만 공시의 경우에는 요청한 특정인은 없다. 그리고 공개의 경우에는 재량사항이지만 공시의 경우에는 강제사항이다. 또한 공개의 경우에는 정보공개신청이 들어온 후 20일 내에 판단을 해야 하지만 공시의 경우에는 원칙적으로 연 1회 이상하면 된다.

그림 6-1 정보공개청구건수 추이

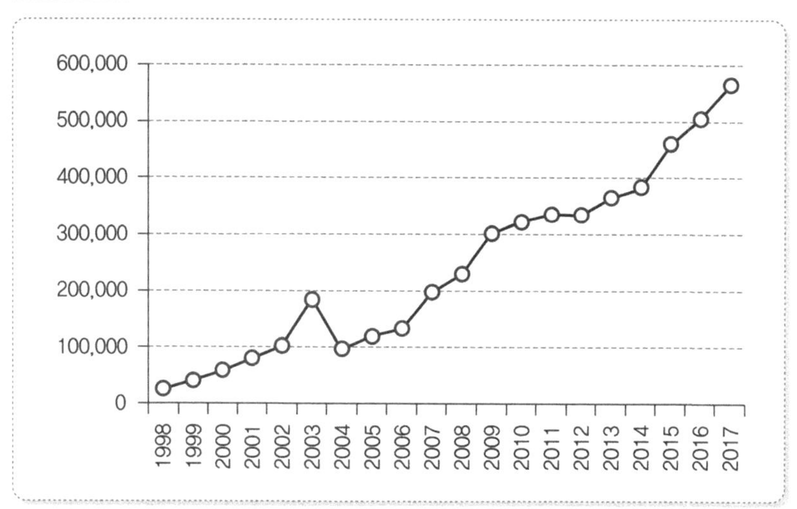

출처: 행정안전부(2017) 「정보공개 연차보고서」

에 시장이 대법원에 재소했으나 대법원의 판결로 조례가 적법하게 시행되었다(이승종, 1995). 청주시 행정정보공개조례는 청구방법에 제약이 있고 권리구제 절차의 실효성도 떨어지지만(강근복·이찬구, 1994) 우리나라에서 처음으로 제도적 절차에 의해서 정보공개의 토대를 마련했다는 점에서 의의가 있다.

청주시 조례이후에 여러 정보공개 조항들이 국무총리훈령으로 존재했다가 1996년 12월 정보공개법이 제정되고 1년의 유예기간을 거친 후 1998년 1월부터 시행되었다(김승태, 2009). 정보공개법은 정부투명성에 있어 가장 중요한 법률이기 때문에 자세히 들여다볼 필요가 있다.

정보공개법 제1조는 "이 법은 공공기관이 보유, 관리하는 정보에 대한 국민의 공개 청구 및 공공기관의 공개의무에 관하여 필요한 사항을 정함으로써 국민의 알권리를 보장하고 국정에 대한 국민의 참여와 국정운영의 투명성을 확보함을 목적으로 한다"고 밝히며 법의 목적을 명확히 하고 있다. 제1조 문구의 "투명성"이라는 단어가 암시하듯이 이 법률을 통해서 시민들은 정부가 하는 일에 대해서 알 수 있는 법적인 근거가 생긴 것이다. 반대로도 생각해볼 수 있다. 정부, 특히 행정부는 법률에 근거해서 일을 한다. 정보공개법으로 정부의 입장에서도 시민들에게 정보를 알려줄 수 있는 법적인 토대가 생긴 것이다.

제2조에서는 가장 핵심적인 용어에 대해서 정의를 했다. 우선 정부가 투명하다는 것은 시민들이 정부가 보유한 정보를 알 수 있다는 뜻이다. 제2조 1항에 따르면 "정보"란 공공기관이 직무상 작성 또는 취득하여 관리하고 있는 문서(전자문서를 포함), 도면, 사진, 필름, 테이프, 슬라이드 및 그 밖에 이에 준하는 매체 등에 기록된 사항이다. 기본적으로 정부의 행위는 기록에 남겨야 한다. 예를 들어, 재판기록부터 수사기록까지 공무원이 한 행동은 기록으로 남겨진다. 이러한 기록들이 정보가 되고 정부투명성의 정도는 시민들이 이 기록에 얼마큼 접근할 수 있느냐에 달려있다.

제2조 2항은 정보"공개"에 대해서 정의하고 있다. 여기에서 공개라 함은 공공기관이 이 법에 따라 정보를 열람하게 하거나 그 사본, 복제물을 제공하는 것, 또는 <전자정부법> 제2조 10호에 따른 정보통신망을 통하여 정보를 제공하는 것 등을 말한다. 2항에 따르면 정보의 기록물은 오프라인과 온라인을 통해 공개될 수 있음을 알리고 있다. 그리고 3항은 정보를 공개해야 할 공공기관을 밝히고 있다. 사기업이나 개인은 비밀의 자유가 공공기관보다 훨씬 두텁게 보호된다.

이 법에서 보는 공공기관은 우선 중앙행정기관(소속 기관 포함), 국회, 법원, 헌법재판소, 중앙선거관리위원회, <행정기관 소속 위원

회의 설치, 운영에 관한 법률>에 따른 위원회를 비롯한 국가기관을 말한다. 그리고 서울특별시, 부산광역시 같은 지방자치단체도 공공기관에 들어간다. 또한 <공공기관의 운영에 관한 법률> 제2조에 따른 공공기관으로 간주된다. 더불어 대통령으로 정하는 기관이 포함된다. 예를 들면 독립기념관, 근로복지공단이 이에 속한다. 그리고 <공공기관의 정보공개에 관한 법률 시행령>에 따르면 <유아교육법>, <초중등교육법>, <고등교육법>에 따른 학교, <지방공기업법>에 따른 지방공사 및 지방공단, <지방자치단체 출자, 출연 기관의 운영에 관한 법률>에 따른 출자기관, <사회복지사업법>에 따라 국가나 지방자치단체로부터 보조금을 받는 사회복지법인 및 사회복지사업을 하는 비영리법인 등이 정보공개대상으로 포함된다.

제3조에서는 공공기관의 정보공개에 대한 원칙을 천명하고 있다. 제3조에 따르면 공공기관이 보유, 관리하는 정보는 국민의 알권리 보장 등을 위하여 이 법에서 정하는 바에 따라 적극적으로 공개하여야 한다고 되어 있다. 이에 따라 정부에 대한 정보뿐만 아니라 정부가 관리하고 있는 시민 개인의 정보를 청구하는 것은 당연하다(이상돈, 1998). 물론 이러한 원칙이 있지만 예외도 있는데 정부기관에서도 기밀을 지켜야할 부분이 있기 때문이다. 즉 정보공개가 원칙이고 비공개가 예외로 적용되고, 그 예외는 열거식으로 나열되어 있다(김창조, 2006).

공개의 예외에 대해서는 제4조에 적시되어 있다. 제4조 3항에 따르면 "국가안전보장에 관련되는 정보 및 보안 업무를 관장하는 기관에서 국가안전보장과 관련된 정보의 분석을 목적으로 수집하거나 작성한 정보에 대해서는 이 법을 적용하지 아니 한다"라고 나와 있다. 우리나라의 국정원이나 미국의 CIA같은 정보기관에 대한 활동이 기밀로 철저하게 지켜지는 것에 대해서는 별 이견의 여지가 없다. 다만, 이러한 기밀을 이유로 예산이 유용되거나 불법적인 일이 있을 수 있기 때문에 국회 같은 감시기관이 어디까지 정보기관의 정보를 열람할 수 있는지에 대해서는 논쟁이 있다.

제7조에서는 시민들의 청구가 없어도 공개해야 할 정보에 대해서 이야기를 하고 있다. '국민생활에 매우 큰 영향을 미치는 정책에 관한 정보', '국가의 시책으로 시행하는 공사(工事) 등 대규모 예산이 투입되는 사업에 관한 정보', '예산집행의 내용과 사업평가 결과 등 행정감시를 위하여 필요한 정보'에 대해서는 공개의 주기, 시기 및 방법에 대해 미리 공표하고 정기적으로 공개하여야 한다고 명시하였다.

제8조에서는 공개하는 정보가 시민들이 이해하기 쉽게 할 수 있도록 정부가 노력해야 한다고 나와 있다. 정보도 잘 가공되어야 수용하는 입장에서도 쉽게 이해할 수 있다. 정부가 원시자료를 그대로 보여주면 시민들이 이해하는 데 어려움을 겪을 수 있다. 그러므로 명목적인 투명성이 실질적인 투명성이 될 수 있는 작업이 필요한 것이다. 제8조에 따르면 "공공기관은 그 기관이 보유, 관리하는 정보에 대하여 국민이 쉽게 알 수 있도록 정보목록을 작성하여 갖추어 두고, 그 목록을 정보통신망을 활용한 정보공개시스템 등을 통하여 공개하여야 한다."라고 명시하고 있다. 그리고 2항에는 "공공기관은 정보의 공개에 관한 사무를 신속하고 원활하게 수행하기 위하여, 정보공개장소를 확보하고 공개에 필요한 시설을 갖추어야 한다." 라고 나와 있다. 아무리 유용한 정보라고 필요할 때 제공되지 않으면 무용할 수 있다. 정보공개법에서는 이에 대해서도 염려하고 있다.

제9조에서는 공공기관에서 정보를 공개하지 않아도 되는 대상에 대해서 열거하고 있다. 국민의 알권리는 개인의 자아실현 및 행복추구는 물론이고 민주적 사회에서 국민이 적절하게 국정에 참여하고

정부를 감시할 수 있게 하는 중요한 기본권이다(배정근, 2009). 하지만 알권리는 다른 기본권과 충돌할 수 있다. 이 경우에는 기본권간 비교형량을 해서 정해야 할 것이다.

국회규칙, 대법원규칙, 헌법재판소규칙, 중앙선거관리위원회규칙, 대통령령 및 조례 같은 명령이 특정 정보는 공개가 되지 않는다고 하면 정보공개법이 적용이 되지 않을 수 있다. 물론 일반법보다 특별법이 우선되는 원칙이 있으므로 다른 법에서 정보공개를 금지할 경우에 정보공개법이 통하지 않는 것은 당연한 일이다. 다만 흥미로운 것은 규칙보다 상위의 법인 정보공개법이 하위규정인 규칙이 공개를 금할 경우에 규칙을 따를 것을 이야기하는 것은 특이한 경우라고 볼 수 있다.

두 번째의 경우는 국가안전보장, 국방, 통일, 외교관계 등에 관한 사항으로 공개될 경우 국가의 중대한 이익을 현저히 해칠 우려가 있다고 인정되는 정보는 공개되지 않을 수 있다. 이 부분은 헌법 제50조와 제109조와 맥락을 같이한다. 제50조, 제1항에 따르면 "국회의 회의는 공개하지만, 출석의원 과반수의 찬성이 있거나 의장이 국가의 안전보장을 위하여 필요하다고 인정할 때에는 공개하지 않을 수 있다"라고 규정되어 있다. 그리고 제109조에 따르면 "재판의 심리와 판결은 공개하지만 심리가 국가의 안전보장 또는 안녕질서를 방해하거나 선량한 풍속을 해할 염려가 있을 때에는 법원의 결정으로 공개하지 아니할 수 있다"라고 규정해 두었다. 이렇게 국가의 안전보장은 투명성의 원칙에서 예외 되는 대표적인 경우다.

행정안전부(2009)는 안보를 이유로 정보공개가 제한되는 예를 다음과 같이 적시했다. 대북한정보수집자료, 전시대비 화폐공급계획, 을지훈련관련 자료, 민방위관련 문서, 예비군관련 문서, 해킹 및 사이버테러 등에 의해 국가행정정보망에 위협을 줄 수 있는 정보, 북한이탈주민관련 지침, 대통령 등 국무위원이 참석하는 주요행사 계획에 관한 사항으로 공개될 경우 대통령 등의 안전을 위협하거나 행사목적을 부당하게 침해할 수 있는 정보, 위험물 저장위치, 보유중인 독극물 종류, 생화학 테러대비 기술개발사업 전략, 그리고 국가안보사항으로서 국가정보원 등 관계기관으로부터 비공개 요청을 받은 정보가 이에 해당한다.

국가안보와 관련하여 밀접히 관련이 있는 것이 군사기밀과 관련된 정보다. 국방부에서는 훈령으로 국방공보규정을 마련하여 국민의 알권리와 언론의 접근권을 제한하고 있다(손태규, 2007). 물론 국가안보를 이유를 너무 과도하게 정보를 기밀화하는 것이 아닌가 하는 의문은 항상 있었다. 특히 군사기밀이 아닌 부분도 군에게 불리하면 공개하지 않는 경향이 있는 점에서 국방공보규정에 대한 논란이 있다.

세 번째 경우는 공개되었을 때 국민의 생명, 신체 및 재산의 보호에 현저한 지장을 초래할 우려가 있다고 인정되는 정보이다. 예를 들어, 범죄 사건의 피해자에 대한 정보는 두텁게 보호된다. 원칙적으로 언론사나 일반 시민이 요청을 해도 공개되지 않는다. 피해자의 정보가 공개되면 2차 피해가 있을 수 있기 때문에 미연에 방지하고자 요청이 있더라도 공개하지 않는 것이다.

네 번째 경우는 진행 중인 재판에 관련된 정보와 범죄의 예방, 수사, 공소의 제기 및 유지, 형의 집행과 교정, 보안처분에 관한 사항으로서 공개될 경우 그 직무수행을 현저히 곤란하게 하거나 형사피고인의 공정한 재판을 받을 권리를 침해한다고 인정할 만한 상당한 이유가 있는 정보도 정보공개법의 예외가 된다. 수사기관이 직무상 취득한 정보와 수사기록은 국민의 알권리와 방어권을 위해서 중요하다(손재영, 2015). 하지만 위에 언급한 사항의 이유가 있을 경우에는 비공개가 되는 것이다.

재판의 경우에는 완전히 결론이 난 후에 공개되는 것이 원칙이다. 현재 진행되는 재판과 관련된 수사의 경우가 공개될 경우에 자칫 잘못하면 증거인멸, 증인협박, 사생활 침해가 일어날 수 있다. 그리고 수사기록의 종류에 따라 정보공개의 정도가 달라질 수 있다(손재영, 2015). 수사지휘, 수사기일연장, 송치건의, 수사재지휘신청에 대한 정보는 그 공개의 범위가 가장 좁다. 그리고 의견서, 보고문서, 메모, 법률검토, 내사자료가 그보다는 공개범위가 넓을 수 있다. 그 다음 넓은 것이 피의자신문조서와 참고인진술조서이다. 가장 공개범위가 넓은 부분이 압수조서, 증거물, 실황조사서, 그리고 감정서이다. 그리고 정보공개를 누가 청구하느냐에 따라 정보공개가 달라질 수 있다(손재영, 2015). 사건과 이해관계가 없는 제3자의 경우가 신청했을 때 가장 정보공개가 적게 된다. 그 다음으로 공개범위가 적은 것이 고소인 혹은 피해자이다. 피의자 혹은 피고인이 정보공개 청구범위가 가장 넓다.

다섯째, 감사, 감독, 검사, 시험, 규제, 입찰계약, 기술개발, 인사관리에 관한 사항이나 의사결정과정 또는 내부검토과정에 있는 사항 등으로서 공개될 경우 업무의 공정한 수행이나 연구, 개발에 현저한 지장을 초래한다고 인정할 만한 상당한 이유가 있는 정보도 예외가 된다. 감사내용이 도중에 노출되면 각종 외압이 들어가서 공정한 감사활동이 이루어지기 어렵다. 그래도 의사결정과정 및 내부검토 과정이 종료되면 시민이 정보를 청구하면 알 수 있다.

여섯째는 개인정보이다. 성명, 주민등록번호 등 개인에 관한 사항으로서 공개될 경우 사생활의 비밀 또는 자유를 침해할 우려가 있다고 인정되는 정보가 이에 해당 된다. 공공기관 문서에는 각종 인적 정보가 담겨 있다. 알권리가 있다고 하더라도 개인정보에 대해서도 알권리가 있는 것은 아니다. 하지만 직무를 수행한 공무원의 성명과 직위는 개인정보에 해당되지 않고 청구를 통해서 알 수 있다.

궁극적으로 이 부분은 국민의 알권리와 개인의 프라이버시권이 비교형량을 통해서 해석할 수밖에 없는 부분이다(이용우, 2004). 예를 들어, 공무원의 업무추진비를 공개하라고 청구하는 것은 시민들의 정당한 요구이다. 그런데 집행내역에 사생활이 관련된 사항이 혼재된 경우에는 모두 공개하는데 무리가 있을 수도 있다(이철환, 2008). 법원에서는 개인의 정보는 원칙적으로는 비공개대상이다. 다만, 정보를 공개하는 것이 공익을 위하여 필요하다고 인정되는 정보에 해당되는지 여부는 비공개로 인한 개인의 사생활 보호의 이익과 공개로 인하여 보호되는 국정운영의 투명성 확보 등의 공익을 구체적 사안에 따라서 판단해야 한다고 보고 있다.

일곱 번째는 법인, 단체 또는 개인의 경영상, 영업상 비밀에 관한 사항으로서 공개될 경우 법인 등의 정당한 이익을 현저히 해칠 우려가 있다고 인정되는 정보이다. 이 정보는 정부에 대한 투명성이 아니다. 기업이나 개인에 대한 사적인 정보로 이러한 정보를 요구하는 것은 원칙적으로 불허한다.

여덟 번째는 공개될 경우 부동산 투기, 매점매석 등 특정인에게 이익 또는 불이익을 줄 우려가 있는 정보도 제외된다. 정보가 돈인 시대이다. 누군가가 정부가 개발할 곳을 먼저 알았다면 그곳을 선점해서 차익을 얻을 수 있다. 정부의 정보공개로 인하여 시장경제를 교란하고 사회 안정성을 낮출 경우에는 정부의 판단하에 공개를 하지 않을 수 있다.

비공개가 되는 사유가 명백한 경우에는 문제될 것이 없다. 문제가 되는 경우는 사안이 애매한 경우이다. 예를 들어, 부동산 투기 등 특정인에게 이익이 될 수 있을 만한 정보는 공개되지 않을 수 있다. 그런데 이 판단을 어떻게 하느냐가 문제이다. 가령 강원도 춘천시의 어느 지역에 대한 자세한 정보를 시민이 청구한다고 하자. 그리고 시청 관계자가 부동산 투기인지 아닌지를 자체적으로 판단해서 비공개 결정을 할지는 재량에 맡겨져 있다고 하자. 이처럼 공개여부 결정이 기속행위가 아니라 재량행위로 간주되는 부분들이 있다. 이때는 사안을 종합적으로 판단하여 공개했을 때 공익이 비공개했을 때의 공익보다 클 때만 공개한다는 원칙을 가지고 정부가 판단을 해야한다(김창조, 2006). 물론 이익을 비교하는데 있어서 이견이 있을 수 있다.

[그림 6−2]는 2017년 정보비공개 사유의 수이다. 매해 정보를 비공개하는 사유의 수는 다르지만 대체로 2017년과 비슷한 비율을 유지하고 있다. 개인의 사생활 보호를 비롯한 개인정보를 이유로 한 비공개가 가장 많았다. 그리고 비슷하게 원천적으로 법에서 공개를 하지 않는 이유로 비공개한 것이 많았다. 세 번째로는 공정히 업무를 처리하기 위해서 정보를 공개할 수 없는 경우였다. 네 번째는 기업의 영업기밀이기 때문에 비공개할 수밖에 없는 것이다. 그리고 다

그림 6-2 2017년 정보비공개 사유

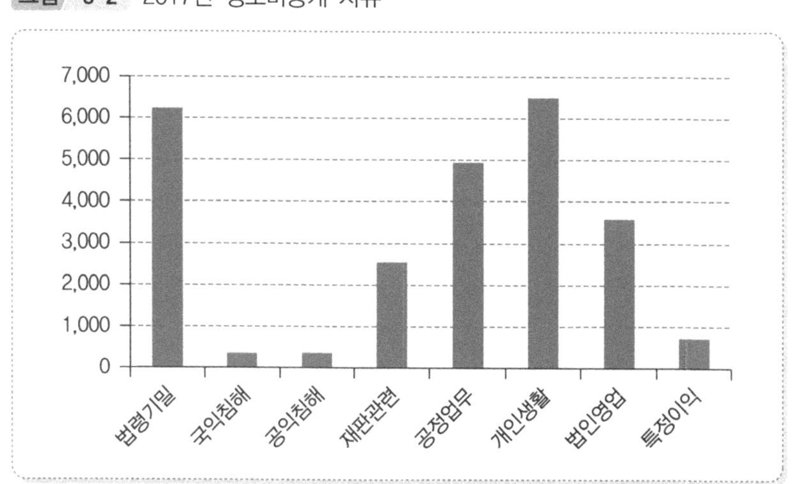

자료: 행정안전부(2017)

섯 번째는 현재 재판과 관련된 정보로서 정보가 공개될 경우에 재판에 영향을 미칠 수 있는 정보이다. 그리고 정보를 공개할 경우에 특정인에게 이익이 가거나 불이익 갈 수 있는 정보가 비공개되었다. 그 다음이 국방정보 등 공개되었을 때 국익이 침해당할 경우였다. 비슷한 숫자로 공개되었을 때 국민의 권익이 손상되는 등 공익이 침해당할 수 있을 때 비공개된다.

제10조에서는 정보청구 방법에 대해서 적시하고 있는데 기본적으로 온라인, 오프라인 둘 다 청구할 수 있도록 하였다. 이때 주의해서 볼 점은 청구인이 익명일 경우는 청구가 되지 않는다는 점이다. 누군가가 정보를 청구할 때는 청구인의 성명, 주민등록번호, 주소, 연락처를 기입하게 되어 있다. 이를 통해서 무분별한 정보청구로 행정의 비효율을 막을 수 있다.

제11조는 정보공개요청을 받았을 때 정부에서는 10일 내에 공개여부를 결정해야 한다고 적시하고 있다. 이는 행정기관이 특별한 이유없이 정보공개를 연기하여 시민들이 필요한 정보를 제때 알 수 없게 함을 방지하기 위함이다. 물론 예외는 있는데 청구한 정보의 양이 막대한 경우나 공개하려는 정보가 청구받은 기관뿐만 아니라 제3의 기관이 연관되어 있을 경우에는 협의를 거쳐서 공개결정을 내려야 함으로 10일이 넘어갈 수 있다.

제12조에서는 정보공개심의회의 설치에 대해서 이야기하고 있다. 법이나 기관의 규칙으로 확실하게 정보의 공개의 가부가 확실한 경우에는 문제가 적다.[2] 하지만 정보공개에 있어서 회색지대에 있는 정보가 있을 수 있다. 그 경우에는 여러 사람의 의견을 모아서 정보공개에 대해서 결정을 내려야 할 때가 있다. 이럴 때 정보공개심의

2) 특히 제16조에서 규정한 즉시처리가 가능한 정보공개가 이에 해당한다. 예를 들어, 공개가 목적인 정보, 홍보자료, 그 밖에 기관장이 정한 정보가 포함된다.

그림 6-3 정보공개심의회의 역할의 예

1. 민원인께서 요청하신 K-9 운행기록지 및 사격훈련 현황은 정보공개 사항으로
공공기간의 정보공개에 관한법률 제 10조(정보공개의 청구방법)에 의하여
정보공개 청구서를 제출하여 청구할 수 있습니다.
2. 정보공개 청구방법은 인터넷에서 정보공개 시스템 홈페이지에 접속하시어
(WWW.OPEN.GO.KR) 정보공개 업무포털에서 청구신청을 하신 후 실명인증 이후에
개인정보 입력, 청구서 작성 절차로 청구 하실 수 있으십니다.
청구하신 정보공개 내용은 정보공개 심의를 거쳐 정보 보유유무 확인 및 공개여부를
결정 후 청구인에게 공개 또는 부분공개, 비공개, 정부부존재 사항으로 통지 되겠습니다.
3. 자대 외래진료기록의 경우는 국방정보공개운영훈련 제 10조 1항 비공개 대상정보
세부기준인 환자관련기록에 해당되며(의료법 제21조에 의해 환자에 관한 기록열람 또는
사본교부를 금함)정보공개로 제공될 수 없으나 환자, 환자의 배우자, 직계존속 •
배우자의 직계존속은 환자에 관한 기록열람 또는 사본 교부가 가능하기 때문에
진료받으신 군병원 또는 의무대로 방문하시면 열람 또는 교부가 가능하겠습니다.

회가 역할이 중요하다.

제17조의 경우에는 정보공개 비용문제를 거론하고 있다. 정보의 공개 및 우송 등에 드는 비용은 실비의 범위에서 청구인이 부담한다. 정보공개를 무료로 하면 정보공개청구가 무분별하게 일어날 수 있다. 반면에 청구하고 정보를 받는 데 있어서 과도한 비용이 든다면 그 역시 실질적인 장애물이 되기 때문에 옳지 않다. 그래서 실비(實費) 범위라는 조건을 달아서 비용문제에 대해서 규정하였다.

제18조는 정보공개청구가 기각되었을 때 시민들이 할 수 있는 절차다. 청구인이 정보공개와 관련한 공공기관의 비공개 결정 또는 부분 공개 결정에 대하여 불복하거나 정보공개 청구 후 20일이 경과하도록 정보공개 결정이 없는 때 이 절차를 밟을 수 있다. 구체적으로 이 경우에 정보공개 여부의 결정 통지를 받은 날 또는 정보공개 청

구 후 20일이 경과한 날부터 30일 이내에 해당 공공기관에 문서로 이의신청을 할 수 있다. 이 이의신청의 경우에는 해당 관청에 할 수 있다.

행정기관이 정보공개를 거부하였을 때 시민이 할 수 있는 방법은 다섯 가지 정도가 있다(이기식, 1998): ① 이의신청만 거치는 경우, ② 이의신청을 거치고 행정심판도 거치는 경우, ③ 이의신청, 행정심판, 행정소송을 모두 거치는 경우, ④ 이의신청없이 바로 행정심판으로 가는 경우, ⑤ 이의신청이나 행정심판없이 행정소송으로 가는 경우가 있다.

물론 기본적으로 정보공개법은 우리나라 사람을 대상으로 한 법이지만 외국인도 자격이 되면 우리나라 정부에 정보공개요청을 할 수 있다. 국내에 일정한 주소를 두고 거주하거나 학술, 연구를 위하여 일시적으로 체류하는 사람이나 국내에 사무소를 두고 있는 법인 또는 단체도 정보공개를 요청할 수 있다.

그림 6-4 불복처리 후 대응현황(2017년)

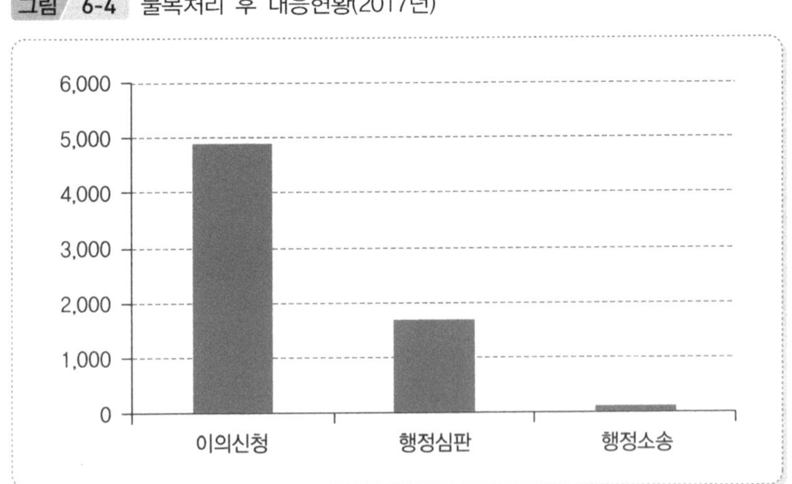

자료: 행정안전부(2017).

그리고 정보공개법 시행령에서는 정부에서 응당 공개해야 할 정보에 대해서 세세히 적시하고 있다. 우선 식품, 위생, 환경, 복지, 개발사업 등 국민의 생명, 신체 및 재산 보호와 관련된 정보를 공개하게 되어 있다. 국민의 먹거리는 실생활과 직접 관련된 중요한 문제이다. 그런데 일반 시민 개개인이 식품의 안전성을 모두 확인하고 사먹을 수는 없다. 그래서 정부는 식품에 대해서 면밀히 조사하고 불량식품에 대해서는 공표하여 국민의 알권리는 물론이거니와 건강도 지켜야 한다.

교육, 의료, 교통, 조세, 건축, 상하수도, 전기, 통신 등 국민의 일상생활과 관련된 정보도 공개해야 한다. 교육정책의 변동이라든지, 의료보험에 대해 정보, 교통질서 벌점의 변경 등과 같은 정보는 실생활에 밀접한 관계가 있는 만큼 항상 국민에게 제공되어야 한다. 그래야 국민이 피해를 입지 않을 것이며 국가 차원의 질서를 확립할 수 있다.

그리고 <국가를 당사자로 하는 계약에 관한 법률 시행령> 제92조 2항에 따른 계약관련 정보도 공개해야한다. 구체적으로 이야기하면 각 중앙관서의 장 또는 계약담당 공무원은 분기별 발주계획, 입찰에 부칠 계약목적물의 규격, 계약체결, 계약변경 및 계약이행에 관하여 전자조달 시스템 같은 곳에 지정고시 해야 한다. 물론 많이 개선되었지만 공무원과 계약하는 사업자간의 부패는 아직도 문제이다. 이러한 유착관계를 제거하기 위해서는 정부가 구매하는 물품에 대해 정확히 알리고 공개입찰을 해야 한다. 그래서 문제가 생길 경우에 이의도 받아들일 수 있다. 이는 지방자치단체도 마찬가지이다.

정부는 예산, 기금, 결산, 국채, 차입금, 국유재산의 현재액 및 통합재정수지 그 밖에 대통령령이 정하는 국가와 지방자치단체의 재정에 관한 중요한 사항을 매년 1회 이상 정보통신매체, 인쇄물 등 적당한 방법으로 알기 쉽고 투명하게 공표하여야 한다. 국가의 재정 상황이 정확히 어떻게 되는지 아는 것은 시민의 권리이다. 이 정보는 시민뿐만 아니라 국정운영에 관심이 있는 언론, 학계에도 중요한 정보이다.

정보공개는 지방자치단체도 마찬가지로 적용된다. 이 부분은 정보공개법은 아니지만 국가재정법 제9조에도 나와 있다.[3] 그리고 이 부분은 지방재정공시제도와 긴밀하게 연결되어 있다. 지방재정공시제도란 재정정보의 공개대상, 공개방법, 공개시기 등을 법령으로 규정하여 지역주민들에게 재정정보의 공개를 의무화하는 제도다(이희재, 2015).

그 외 국회 및 지방의회의 질의 및 그에 대한 답변과 국정감사 및 행정사무감사 결과에 대한 정보도 공개해야한다. 국회의원이나 지방의회의원 모두 국민의 대표자이다. 국민을 대표해서 일을 하는 만큼 그들이 하는 일을 국민에게 알리는 것은 당연한 일이다. 이러한 투명한 공개를 통한 정보로 국민은 정부에 대해 지지 혹은 비판을 할 수 있는 것이다.

정부정보공개에는 기관장의 업무추진비에 관한 정보도 포함된다. 공무원의 판공비의 유용에 대해서 끊임없는 비판이 있었다. 예를 들어, 국민의 세금으로 쓰이는 활동비가 기관장의 유흥의 목적으로 쓰이는 등 문제가 많이 있었다. 요즘에는 공무원의 자금유용을 어렵지 않게 알 수 있지만 정보공개법이 시행되기 이전에는 판공비가 어떻게 쓰이는지 알기는 쉽지 않았다.

정보공개법을 전문적이고 능동적으로 처리하기 위하여 정부에서

---

3) 국가재정법 제9조 1항에 따르면 정부가 예산, 기금, 결산, 국채, 차입금, 국유재산의 현재액, 통합재정수지 및 그 밖에 대통령령이 정하는 국가와 지방자치단체의 재정에 관한 중요한 사항을 매년 1회 이상 정보통신매체, 인쇄물 등 적당한 방법으로 알기 쉽고 투명하게 공표하여야 한다.

는 정보공개책임관을 지정할 수 있다. 정보공개책임관은 정보공개심의회를 운영하고 소속 기관에 대한 정보공개 사무를 지도하고 지원한다. 또한 정보공개 담당 공무원의 정보공개 사무처리 능력을 함양하도록 교육을 한다. 뿐만 아니라 정보공개 청구인을 도와 정보공개 청구과정을 돕기도 한다.

아래는 정보공개법에 따라 시민이 정부정보를 공개청구하는 방법을 단계별로 설명한 것이다.[4]

첫째, 시민이 정보를 청구하는 단계이다. 정보를 보관하고 있는 공공기관에 시민이 정보공개청구서를 제출한다. 이는 직접 관청에 방문해도 되고 우편, 팩스, 이메일을 통해서 청구서를 보내도 된다. 청구서에는 이름, 주민등록번호, 주소, 연락처, 청구정보내용과 공개방법 등을 적어야 한다.

두 번째 단계는 청구서를 받은 관청이 청구한 시민에게 접수증을 교부하고 처리할 관할 부서에 일을 배부하는 것이다. 다만, 착오로 인하여 정보를 당해 기관이 보유하지 않는 경우에는 그 정보를 보관하는 기관에 청구서를 이첩한다.

세 번째 단계는 행정기관에서 10일 내에 정보공개여부를 결정하는 것이다(물론 10일 연장할 수는 있다). 우선 공개청구된 정보가 제3자와 관련이 있으면 제3자의 의견을 청취해야 한다. 그리고 정보공개가 곤란한 경우에는 정보공개심의회 심의를 거칠 수 있다.

네 번째 단계는 정보공개 결정을 통지하는 것이다. 결정통지에는 크게 공개, 비공개, 부분공개, 그리고 부존재가 있다. 공개를 결정했을 경우에는 공개를 언제 할 것인지 어디서 할 것인지, 어떻게 할 것인지에 대해 명시하여 수수료가 얼마인지 알리게 된다. 반대로 비

---

4) 예는 진주시의 예를 들었다. http://www.jinju.go.kr/00133/00442/04613.web

그림 6-5 정보공개청구 처리과정

공개나 부분공개를 할 경우에는 비공개하는 이유는 무엇인지, 비공개에 대해서 시민이 이의가 있을 경우 어떻게 대응할 수 있을지를 구체적으로 명시한다.

다섯 번째 단계는 정보가 공개된 경우에 시민이 수수료를 납부하는 것이다. 이때 수수료는 전자결제, 수입증지, 현금 등으로 지불하게 된다. 그리고 수수료는 일선의 행정기관 임의로 정하는 것이 아니라 수수료 가이드라인에 따라 책정된다.

여섯 번째 단계에는 청구된 정보가 공개되고 공개된 정보를 습득하는 것이다. 온라인의 경우에는 청구인 본인이 받으면 되고, 오프라인의 경우에는 대리인도 정보를 수령할 수 있다. 이 때 대리인은 증명서류 및 신분증을 지참하고 관공서로 오면 된다.

4. 우리나라 정부투명성 관련 추후 과제

(1) 사회연결망 서비스

많은 시민들이 스마트폰을 통해서 여러 가지 서비스를 사용하고 있다. 앱 서비스(Application service) 중 많이 이용하는 것이 소셜미디어이다. 소셜미디어는 기본적으로 컴퓨터를 기반으로 한 환경에서 사용자의 직접적인 교류가 가능하게 하는 모든 도구를 포함한다(Lampe et al. 2011). 소셜미디어 이용자가 늘어남에 따라 중앙정부를 비롯해 지방자치단체에서는 페이스북(Facebook), 인스타그램(Instagram), 트위터(Twitter) 같은 소셜미디어를 통해서 국정에 대한 홍보를 하고 있다.

소셜미디어는 국가기관뿐만 아니라 국가기관을 운영하고 있는 대통령, 시장, 도지사 등도 이용하고 있다. 이 소셜미디어가 기존 미디어와 가장 다른 점은 언론매체를 통하지 않고 정보가 바로 시민으로 들어간다는 것이다. 그동안 정부기관이나 정치인이 이야기한 메시지가 언론기관을 통해서 긍정적이든 부정적이든 해석이 되어서 독자에게 흘러 들어갔다. 하지만 소셜미디어를 통해서 여과없이 메시지 전달이 가능해졌다.

소셜미디어를 통해서 소통을 하게 되면 정부에 대한 시민의 친밀감이 상승할 수 있다(Lampe et al. 2011). 예를 들어, 충주시 공보담당관은 지역축제를 비롯한 여러 지역 정보를 재미있는 콘텐츠로 만들어 시민들의 호응을 받고 있다. 그러나 소셜미디어를 통해서 정보를 받게 되면 정부에 대한 관심이 더 커진 만큼 작은 실수에 실망도 클 수 있다.

소셜미디어를 통해 정보를 받아서 정부에 대한 관심이 커졌는지, 아니면 정부에 대한 관심이 커졌기 때문에 소셜미디어를 통해서 정보를 받게 되었는지에 대한 인과관계를 파악하기는 마치 “닭과 달걀”의 관계처럼 어려울 수 있다. 하지만 정확히 소셜미디어의 효과에 대해서 파악하기 위해서는 인과관계의 방향을 파악할 수 있는 연구가 필요하다.

정부의 사회연결망 서비스에 대한 정책은 2가지로 크게 나누어 볼 수 있다. 하나는 정부가 사회연결망 서비스를 어떻게 이용하는지에 관한 정책이다. 예를 들어, 정부에서 사회연결망 서비스를 이용할 때 고민되는 것은 어떠한 문체를 통해서 정보를 전달할 것인가도 있다(Zheng & Zheng, 2014). 공신력을 유지하기 위해서 평소에 쓰던 딱딱한 어체를 통해서 정보를 전달할 것인지 아니면 근래 유행하는 문체를 섞어 이용자들에게 친근하게 다가갈 것인지는 고민거리가 될 수 있다.

다른 하나는 사기업인 사회연결망서비스에 대한 정책이다. 예를 들어, 문제의 소지가 있는 영상이 사회연결망서비스를 타고 퍼져나갈 때 어떻게 규제를 할 것인가에 대한 문제가 여기에 속하게 된다. 그리고 그 문제의 소지를 누가 어떻게 판단하느냐도 중요한 문제다. 100%의 거짓된 영상이라면 강한 조치를 취할 수 있겠지만 진실과 거짓이 적당히 뒤섞인 사실이라면 어느 정도까지의 거짓이 용인될지 그리고 그 거짓을 누가 판단할지도 문제다.

또 소셜미디어가 기존 미디어와의 차이점을 보이는 점 중 하나는 쌍방향성이다(Magro, 2012). 기존의 언론이나 국정방송을 통해서 정부가 이야기하는 정보의 방향성은 일방적이다. 반면에 소셜미디어의 경우에는 정부가 올린 정보에 실시간으로 시민들이 댓글을 통해서 교류할 수 있다. 이를 통해서 투명성으로 나타난 정보의 효과가 커질 수 있다. 물론 부작용도 예상된다. 예를 들면, 실시간으로 교류가 가능함으로 소셜미디어 담당공무원이 실수를 했을 경우에 빠른 속도로 퍼져나갈 수 있다.

물론 소셜미디어가 반드시 정부투명성을 증가시키지 않을 수도 있다. 만약에 정부가 공개하는 정보의 양이 기존매체 때와 다를 바 없다면 투명성의 정도의 차이는 없을 수 있다. 하지만 체감 투명성에서 차이점이 있을 수 있다. 같은 정보량이라도 기존매체로부터 느꼈던 투명성보다 소셜미디어를 통해 느낀 투명성이 더 크게 인지될 수 있는 것이다. 이는 아직 실증적으로 검증된 바가 없으므로 향후에 더 연구할 만하다고 볼 수 있다.

(2) 정보격차(Digital Divide)

우리나라 정부는 전자정부를 통해서 투명성을 강화시킨 바 있다. 문제는 정보화에 뒤쳐진 시민들에 대한 행정서비스이다. 우리나라는 빠르게 발전해왔고 정부서비스 차원에서도 빠른 변화를 보여 왔다. 하지만 투명성을 증진시키는 전자정부가 있다는 것은 정보의 접속에 제한이 있는 사람들이 제대로 정부 서비스를 제공받지 못함을 의미하기도 한다(Jaeger & Bertot, 2010). 국민의 일부분이 빠른 정보화에 따라가지 못하는 정보격차가 나타날 수 있다. 정부가 정보격차에 관심을 보여야하는 이유는 이익추구를 목표로 하는 기업이 아니기 때문이다. 기업 입장에서는 돈이 되는 소비자를 중심으로 활동하면 되므로 온라인에 접근하기 어려운 소비자를 등한시할 수 있다. 하지만 정부에서는 정보접근성이 열악한 사람들을 위한 지원을 아끼지 말아야 한다.

전자정부 발전에 집중하다 보면 현장에서 가능한 서비스가 감소할 수 있다. 이에 따라 특히 디지털 기기를 잘 사용하지 못하는 계층이 불이익을 받을 수 있다. 예를 들어, 정부에서 온라인으로 공표하는 자료를 제대로 받지 못해서 불리할 수 있다. 그리고 모바일 기기로 쉽게 정보를 신청할 수 있는데 그렇지 못하다면 경쟁에서 뒤처질 수 있다. 정보격차는 접근성(Access), 활용성(Literacy), 그리고 참여(Participation) 측면으로 살펴볼 수 있고, 성, 나이, 교육, 소득의 차이에 의해서 복잡한 양상이 나타나고는 한다(민영, 2011). 그만큼이나 정부는 세세하게 맞춤형 서비스를 제공해서 디지털 격차를 줄여야 한다.

행정업무의 디지털화는 이제 막을 수 없는 흐름이 되어 버렸다.

디지털적으로 소외받는 계층을 위해서 광범위한 IT 교육을 벌일 필요가 있는데 지방자치단체에서는 노인복지센터 등에서 스마트 폰 교육을 무료로 진행하거나 저렴한 가격의 강의를 제공하고 있다. 그리고 정부에서는 정보 취약계층을 위해서 지역주민센터와 우체국을 활용하여 원스톱 서비스를 확대하고 있다(임성근 외., 2017). 행정의 3대 목표 중 하나인 형평성을 고려한 정책이 꾸준히 지속되어야 한다.

그리고 장애인을 위한 웹사이트 접근성도 중요하게 고려되어야 한다(Shi, 2007). 웹사이트에 대한 접근권이 장애인들이 비장애인들에 비해서 현격히 떨어진다. 예를 들어, 월드와이드웹 컨소시엄(World Wide Web Consortium)이 권장하는 방식으로 정부의 웹사이트에 대한 장애인의 접근성을 위해서 노력을 하는 것이 가능하다(Kuzma, 2010).

(3) 사이버 보안

초연결사회가 도래함에 따라 정부에서는 쉽게 정보를 시민들에게 공개할 수 있는 기반을 닦을 수 있었다. 하지만 이러한 장점 뒤에는 단점도 있다. 정보통신기술의 가장 큰 특징 중 하나는 집적성이다. 산재되어 있는 정보를 발달된 기술로 한 곳에 모아둘 수 있는 것이다. 이러한 기능으로 사용자나 관리자는 접속하여 원하는 정보를 쉽게 얻을 수 있다. 문제는 해킹을 당했을 때, 예전에 정보가 산재되었을 때는 정보가 탈취되는 정도가 부분적이었는데, 이제는 한 번에 전 국민의 개인정보도 알아낼 수 있게 된 것이다.

예를 들어, 교육행정정보시스템(Natioanl Education Information System: NEIS)은 학생들의 인적정보를 비롯한 학업성취도 및 각종 평가자료가 저장되어있다. 이 교육행정정보시스템에 대한 보안의 문제가 있음이 제기되었고 이는 개인정보처리 및 보호에 관하여 정부가 어떠한 책무를 가져야 하는지 생각하게 하는 사례가 되었다(최태현

외, 2015).

근래 정부에서는 소셜미디어를 통해서 많은 정보를 시민들에게 알리고 있다. 그런데 해커가 악의적인 의도로 계정을 해킹할 수도 있다(Zheng, 2013). 소셜미디어는 특성상 짧은 시간에 많은 사람들에게 영향을 미칠 수 있다. 그렇기 때문에 정부 소셜미디어가 해킹당하여 잘못된 정보가 빠르게 퍼지게 되면 그 부정적인 영향력은 기존의 매체보다 더 클 수 있다.

국제정보통신연맹(International Telecommunication Union)에서 조사하는 글로벌 사이버안전(Global Cyber Security) 지수가 있는데 이 지수를 평가하는 항목은 우리나라 정부가 어떻게 사이버 보안을 대처해야 하는지에 대한 지침을 보여준다. 이 지수는 크게 다섯 가지 항목(법적, 조직적, 기술적, 역량증강, 협력적 측면)으로 구성되어 있다.

우선 법적인 측면은 사이버 범죄, 사이버 안전에 대한 규제가 잘 되어 있는 지에 대한 것이다. 죄형법정주의에 따르면 아무리 심각한 범죄라고 여겨지는 행동도 법이 없으면 처벌할 수 없다. 기본적으로 행정부는 입법부가 만든 법에 따라서 활동을 한다. 법이 미비한 상태에서 피해자는 피해를 호소할 곳이 없고 그 사이에 사이버 범죄는 활개를 펼칠 수 있다. 그래서 신종 사이버 범죄를 근절하기 위한 입법 활동은 필수적이다. 처벌규정뿐만 아니라 사이버 범죄를 예방할 수 있는 각종 입법도 중요하다. 그리고 입법부가 제대로 규정하지 않은 점은 대통령령이나 총리령 등으로 보충하여 사이버 안전에 만전을 기해야 한다.

조직적인 측면은 정부에서 사이버 안전에 대한 전략이 존재하는지 여부이다. 사이버 안전을 책임지는 정부에서는 사이버 범죄에 대한 기본적인 전략과 계획이 있어야 한다. 사이버 안전에 대한 분명한 철학 위에서 행정부는 효과적으로 운영될 수 있다. 현재 문제가 없다고 비용절감을 이유로 사이버 전산요원들을 감축시키는 일은 매우 어리석은 것이다. 문제가 생기기 전에 충분한 예산을 들여 보안을 강화시키는 것은 전쟁이 발생하지 않도록 국방력을 강화하는 것과 같다. 이러한 운영철학을 가지고 조직을 운영해야 한다.

기술적인 측면은 각종 바이러스나 해킹을 막아낼 수 있는 컴퓨터 응급 대응팀(Computer emergency response team)이나 컴퓨터 안전 사건 대응팀(Computer security incident response team)이 있는지 여부이다. 사이버 안전은 그 특성상 기술이 중요하다. 아무리 법이 잘 제정되어 있고 기본적인 전략이 있다 하더라도 기술이 부족하여 정부의 정보를 제대로 지켜낼 수 없고 사이버 범죄자를 잡아낼 수 없다면 현실적으로는 큰 문제가 발생한다.

역량강화는 사이버 안전 전문 요원을 양성하고 점점 발전해가는 기술에 발맞추어 사이버 안전 기술도 늘리는 것이다. 정보통신기술은 하루가 다르게 발전하고 있다. 그러므로 가장 최신의 기술을 정부도 습득하는 것이 중요하다. 이를 위해서는 우선 우수한 인재를 선발하여야 하고 이들을 꾸준히 교육을 시키면서 나아가야 한다.

협력적인 측면은 국가 간 협력, 정부 내 기관 협력 그리고 민관협력을 포괄한다. 이미 세계화된 상황에서 정부를 온라인으로 공격할 수 있는 사람은 외국인일 수 있다. 그러므로 다른 나라와 긴밀히 협조하는 것이 중요하다. 또한 사이버 범죄와 관련해서 정부 내에서도 긴밀히 협력하는 것이 중요하다. 또한 기술력이 뛰어난 사설 기업과도 협조해야 한다. 다만 데이터 관리의 관할 주체는 정부가 해야 한다.

(4) 그 외 문제거리

① 정부의 개인정보수집 적정수준

개인 정보를 정부가 얼마큼 수집하느냐는 논쟁거리가 될 수 있다.

유럽에서는 개인정보보호법(General Data Protection Regulation)을 2018년부터 시행하고 있다. 이 법에서 눈여겨보아야 할 부분은 목적제한 원칙과 데이터 최소화의 원칙이다. 유럽 개인정보보호법에서 목적제한이란 구체적이고 명시적인 목적을 위해 개인 정보를 수집해야 한다는 것이다. 그리고 해당 목적에 부합하지 않을 경우에는 정보를 수집할 수 없다는 것을 말하는 것이다. 데이터 최소화 원칙이란 데이터가 처리되는 목적과 관련하여 필요한 것에만 국한되어야 함을 말하는 것으로 처음 수집된 데이터의 범위, 개인정보 유지 기간 및 해당 데이터의 사용 후 삭제와 관련이 되어 있다(정일영 외, 2019).

② 민영화와 정보공개문제

신공공관리의 영향으로 인하여 세계의 여러 정부는 비효율적인 부분은 민영화하려고 한다. 민영화가 정보공개와 관련하여 문제가 되는 것은 정부였던 부분이 사기업이 되면 시민들의 공개청구가 크게 제한된다는 것이다(Feiser, 1999). 물론 필요에 따라서 사기업의 정보를 청구할 수는 있다. 하지만 정부기관에 비해서 사기업에 정보를 요청하고 실제로 정보를 받을 수 있는 것은 훨씬 어려운 일이다. 그러므로 정부기관이 민영화될 때 정부기관이 가지고 있었던 정보에 대한 문제는 신중하게 처리되어야 한다.

③ 옴부즈만 활성화 문제

우리나라 옴부즈만은 국민권익위원회(이하 권익위) 형태로 운영되고 있다. 우리나라에서 옴부즈만의 개념의 장치가 없었던 것은 아니다. 예를 들어, 조선시대의 암행어사나 신문고 같은 것은 관의 권한 남용이나 불합리하게 백성들의 권리가 침해당하는 것을 방지하는 것이 현재의 옴부즈만과 결을 같이한다(이재필, 2001).

행정기관에 의하여 시민의 권리가 침해된 경우에 행정심판이나 행정소송을 통해서 권리를 구제받을 수 있다. 하지만 소송으로 가다보면 비용뿐만 아니라 시간적인 소모도 크다. 이러한 이유로 옴부즈만을 활용한다면 효과적으로 대응할 수 있다. 그런데 이 권익위가 국무총리 소속이어서 독립적으로 일하는데 한계가 있다(최유진 외, 2013). 따라서 권익위의 독립성을 제고할 만한 방안을 찾아볼 필요가 있다.

참고문헌

강근복 · 이찬구(1994). 한국의 정보공개 제도 구축 방안에 관한 연구, 사회과학연구, 5, 277 – 298.

강동욱(2017). 국민의 알 권리의 요청에 따른 형사재판중계의 허용에 관한 법정책적 검토, 세계헌법연구, 23(1), 101 – 125.

강은숙 · 장지호(2004). 투명성 확보를 위한 인사운영시스템의 평가, 한국사회와 행정연구, 15(3), 51 – 70.

강정석 · 이재호 · 최호진(2010). 정부신뢰와 소통제고를 위한 Public Relations 시스템 구축, 한국행정연구원.

곽관훈(2014). 기업 규제 관점에서 본 내부고발자 보호의 필요성 및 방안, 28(1), 211 – 232.

경건(2017). 미국 정보공개법제의 개관, 서울법학, 15(1), 115 – 154.

계희열(1998). 헌법상 언론 · 출판의 자유, 법학논집, 34, 1 – 44.

구병삭(1981). 국민의 알 권리와 국정의 정보공개, 법학행정논집, 19, 31 – 80.

국가기록원(2014). 국정홍보처 신설, (접속일 2019. 10. 25), http://www.archives.go.kr/next/search/listSubjectDescription.do?id=000876

국회예산정책처(2010). 국가재정제도 원리와 실제, 서울: 국회예산정책처.

권수진 · 윤성현(2016). 공익신고제도의 개선방안에 관한 연구, 형사정책연구원 연구총서.

권영호(1993). 알권리와 언론출판의 자유, 법학논집, 19, 207 – 239.

김광웅 · 강성남(2001). 정보사회와 행정, 서울: 한국방송통신대학교출판부.

김경석(2018). 내부고발자 보호를 위한 제도개선에 관한 소고: 기업의 내부고발자 보호를 중심으로, 서울법학, 26(3), 455 – 484.

김대인(2005). 정부조달에 있어서 투명성의 법적의미, 행정법연구, 13, 195 – 222.

김대종(2014). 정부3.0을 위한 공간빅데이터 구축 및 활용방안, 국토, 42-51.

김배원(2000). 일본의 정보공개제도: 행정기관이 보유하고 정보의 공개에 관한 법률을 중심으로, 공법학 연구, 2, 3-25.

김배원(2001). 미국의 정보자유법 30년(1966-1996). 공법학연구, 3(1), 89-115.

김선경 · 전민지(2014). 전자정부의 투명성요인이 정부신뢰에 미치는 영향에 관한 연구: 시민과 공무원의 인식차이를 중심으로, 한국지역정보화학회지, 20(2), 89-109.

김성천(2005). 일본의 공익통보자보호자, 법제, 57-64.

김성태(1998). 전자정부 구현을 위한 행정정보공동활용 활성화 전략분석, 한국행정학보, 32(4), 99-117.

김성대(2000). 광역자치단체의 전자정부 추진 실태 분석: 정보화 지표와 지표간 관계를 중심으로, 한국행정학보, 34(4), 235-255.

김승태(2009). 전자적 정보공개제도의 운영실태 평가: 정보공개시스템의 평가를 중심으로, 한국지역정보화학회지, 12(3), 51-82.

김승태(2010). 정보공개제도의 운영성과 평가, 한국지역정보화학회지, 13(4), 25-52.

김윤권(2014). 정부 조직관리의 협업행정에 관한 연구, 한국행정연구원.

김창재 · 최재현(2013). 지방행정 투명성 확보를 위한 상시모니터링시스템 개발 아키텍처에 관한 연구, 한국정보기술학회논문지, 11(11), 141-151.

김창조(2006). 정보공개법상 비공개사유, 법학논고, 25, 115-141.

김태은 · 안문석 · 최용환(2008). 전자정부가 부패에 미치는 영향에 관한 연구: 횡단 및 패널자료를 통한 증거, 한국행정학보, 42(1), 293-321.

김하균 · 신열(2017). 정부혁신 활동으로 정부 3.0 추진과정에 대한 참여자 인식분석, GRI연구논총, 19(3), 241-263.

김형진(2022). 일본 공익통보자보호법 개정의 주요내용과 시사점, 국회입법조사처, 17, 1-7.

권형준(1995). 알권리, 법학논총, 291－309.
명승환(2006). 전자정부 연구에서 결정론적 사고의 한계와 극복방안: 행정의 투명성을 중심으로, 정보화정책, 13(1), 100－115.
문병효 · 복홍석(2009). 재정분권화와 지방정부투명성 수준간의 관계－Fisman과 Gatti 연구의 한국의 적실성 검증을 중심으로, 한국지방자치학회보, 21(1), 31－53.
문승민 · 최선미(2016). 전자정부의 만족도가 정부 신뢰에 미치는 영향에 관한 연구: 정부역량의 매개효과를 중심으로, 한국행정학보, 52(4), 119－149.
민경연(2017). 노인복지관 최고관리자의 윤리적 리더십이 재정투명성에 미치는 영향: 조직풍토의 매개효과를 중심으로, 한국사회복지행정학, 19(3), 169－208.
민영(2011). 인터넷 이용과 정보격차 접근, 활용, 참여를 중심으로, 언론정보연구, 48(1), 150－187.
박나라 · 이종수(2010). 지방정부 인력구성의 다양성이 업무과정에 미치는 효과-혁신, 투명성, 책임성 수준을 중심으로, 한국지방자치학회보, 22(2), 79－101.
박나라(2017). 공공부문 투명성이 만족도에 미치는 효과: 2010－2015년 공공기관의 정보공개와 고객만족도의 관계를 중심으로, 한국행정학보, 51(4), 219－253.
박상인 · 최연태(2015). 온라인 정보공개청구 영향 요인에 관한 실증분석, 지방정부연구, 19(2), 343－369.
박윤환(2017). 정부투명성과 정부신뢰와의 관계: 경찰신뢰 향상의 정책적 함의를 중심으로, 한국테러학회보, 10(1), 145－167.
박정호(2014). 지방정부의 정보제공이 신뢰와 서비스만족도에 미치는 영향: 서울특별시를 중심으로, 지방정부연구, 18(1), 291－313.
박종관 · 윤주명(2004). 지방정부 정보공개제도에 대한 인식과 과제, 한국사회와 행정연구, 15(2), 447－467.
박진완(2019). 기본권으로서 행정기관 정보에 대한 접근권－독일에서의 논의를 중심으로－. IT와 법연구, 18, 149－179.

박홍식(1994). 내부고발자의 법적 보호: 미국의 경우, 한국행정학보, 27(4), 1185－1201.

박홍식(2001). 투명성의 가치: 개념과 의미, 한국사회와 행정연구, 12(3), 103－118.

박홍식(2002). 투명행정과 지방행정의 역할, 중앙행정논집, 16(2), 135－156.

박홍식(2004). 내부고발자 보호를 위한 아시아 각국의 입법적 노력과 사회적 관심, 한국공공관리학보, 18(2), 149－168.

박홍식 · 나현(2012). 민원행정서비스 만족도에 대한 투명성 효과: 직접 및 조절인가, 공정성을 통한 매개인가?, 행정논총, 48(4), 385－408.

방민석(2013). 정부 3.0에 대한 개념적 탐색과 법정책적 과제, 한국지역정보화학회지, 16(3), 137－160.

배성훈 · 이종용 · 송석현 · 장주병 · 강상규 · 윤진선 · 이동환 · 김제완(2013). 공공데이터 민간개방 확대를 위한 법률제정의 필요성에 관한 연구, 한국지역정보화학회지, 16(3), 67－86.

배정근(2009). 정보공개법을 통한 알권리 실현의 한계, 한국언론학보, 53(1), 368－390.

백수원(2011). 투명성의 관점에서 본 대의제의 한계와 극복방안－미국과 프랑스의 예를 중심으로, 22(3), 183－215.

서정우(1993). 국민의 알권리에 관한 연구, 사회과학논집, 23, 121－141.

성낙인(1997). 정보공개제도의 실시와 문제점, 황해문화, 15, 169－183.

성낙인(1998). 알권리, 헌법논총, 9, 153－209.

손재영(2015). 경찰수사와 정보공개: 수사서류 비공개의 요건과 한계, 법학논고, 49, 63－88.

손태규(2007). 군사정보의 공개 및 보도 제한의 적법성 연구, 한국언론학보, 51(2), 54－81.

송옥렬(2015). 공기업의 투명성과 재정건전성에 대한 소고, 경제규제와 법, 8(2), 55－69.

송희준 · 권은정 · 권효진 · 유효정(2012). 한국과 일본의 정보공개 제도와 운영실적의 비교 연구: 중앙정부를 중심으로, 한국행정학보, 46(1), 289－313.

신광식・박흥식(2009). 조직의 보복과 내부고발자의 스트레스, 한국공공관리학보, 23(1), 177－203.

신열(2017). 정부혁신관점에서 정부 3.0정책의 성과분석: 우수-미흡기관 담당자 인식분석을 중심으로, 한국정책연구, 17(3), 107－127.

안상운(2011). 정보공개란 무엇인가, 경기: 살림출판사

안상운(2015). 정보공개법, 서울: 자음과 모음

여경수(2015). 행정심판상 공공정보공개 청구사건에 관한 고찰, 영남법학, 41, 183－194.

오광석(1997). 내부고발의 적대감과 문제해결에 관한 실증적 연구: 미국 연방정부의 사례를 중심으로, 한국행정학보, 31(3), 241－253.

윤상오(2015). 전자정부와 정부신뢰에 관한 연구, 한국지역정보화학회지, 18(4), 29－58.

윤종설・김정해(2004) 인사제도개선을 통한 부패신고자 보호방안: 정보전직전략의 도입을 중심으로, 한국행정학보, 38(2), 183－201.

윤혜진(2018). 내적 내부고발의 활성화를 위한 윤리교육의 필요성, 교양교육연구, 12(2), 241－258.

이건호(2000). 내부고발자 보호제도에 관한 연구, 형사정책연구원.

이기식(1999). 전자정보 공개촉진을 위한 제도적 측면의 연구: 미국의 경험을 바탕으로, 한국행정학보, 32(4), 119－136.

이명진・문명재(2010). 공공기관의 조직적 특성과 정보공개에 관한 연구, 한국행정학보, 44(1), 121－146.

이상돈(1998). 법학입문(2판), 서울: 박영사

이상수(2005) 행정 투명성 측정과 평가를 통한 부패통제 전략-행정부패측정모형을 통한 실증조사를 중심으로, 한국자치행정학보, 19(2), 121－146.

이상천(2010). 공공기관의 정보공개에 관한 법률 제9조 제1항 제1호의 법체계적 정합성, 법학연구, 13(2), 343－374.

이상환(2002). 국제투명성기구의 부패인지지수에 대한 경험적 고찰, 국

제정치연구, 5(2), 57－79.

이상환(2011). G-20 국가의 투명성에 관한 경험적 연구-세계화, 민주화, 반부패 간 연관성을 중심으로, 정치정보연구, 14(2), 57－77.

이승종(1995). 행정정보공개조례의 효과에 대한 공무원의 평가분석: 청주시 사례연구, 한국행정학보, 29(4), 1275－1289.

이시영・은종환・한익현(2017). 내부고발에 관한 인식유형 분석, 한국사회와 행정연구, 27(4), 157－177.

이용우(2004). 정보공개공개제도의 법적문제, 공법학연구, 5(1), 405－429.

이자성(2004). 정보공개제도와 정부의 책무성에 관한 한국과 일본 비교: 시민단체의 예산지출 청구를 중심으로, 한국행정학보, 38(5), 171－195.

이자성(2014). 내부신고자보호제도의 의의와 사례, 경남발전, 130, 54－64.

이재완・정광호(2011). 정보공개청구 수용에 관한 연구, 한국행정논집, 23(4), 1077－1105.

이재필(2011). 대구시 복지옴부즈만제도 운영 개선방안, 대구경북연구원.

이정철(2016). 정부투명성이 정부 신뢰와 성과에 미치는 영향, 국가정책연구, 30(1), 73－95.

이창균(2015). 지방재정투명성 제고에 관한 연구, 지방계약연구, 6(1), 3－26.

이철환(2008). 업무추진비에 대한 정보공개의 방법, 법학논총, 28(2), 363－383.

이혁우(2016). 정책에서 투명성에 대한 재인식-투명성의 성격과 정책문제에의 적용, 사회과학연구, 27(3), 117－142.

이호재・신광수(2007). 정부지원연구비 집행의 투명성 확보방안, 회계연구, 12(3), 189－209.

이효(2013). 지방재정운영의 투명성 강화방안, 한국지방행정연구원.

이희재(2015). 정부 3.0에 부응하는 지방재정공시제도의 개선방안: 주민중심재정보고서의 도입을 중심으로, 한국지방재정논집, 20(1), 31－

56.
임성근 · 소순창 · 이창섭(2017). IPA 분석을 활용한 정부 3.0 서비스 정부에 대한 공급자와 수요자 간 인식 차이 분석, 행정논총, 55(2), 137–167.
임준형(2006). 도시전자정부가 시민참여에 미치는 영향: 환경의제를 중심으로, 한국행정학보, 40(3), 53–76.
임현(2015). 정보공개법에 대한 평가와 입법적 개선방안–세계정보권순위평가의 분석을 중심으로, 토지공법연구, 69, 117–150.
장용석 · 송은영(2008). 한국사회 투명성 패러다임 변화, 한국사회학, 42(7), 146–177.
장용진 · 윤수재 · 조태준(2012). 지방자치단체 공무원의 내부고발 인식에 관한 연구, 한국공공관리학보, 26(2), 113–136.
장태주(2006). 행정법개론, 서울: 현암사.
전천운(2003). 내부고발에 대한 보복강도의 영향요인에 관한 연구, 한국정책과학학회보, 7(1), 125–149.
정극원 · 정성범(2006). 유비쿼터스 정부에서의 행정의 효율성과 법적 문제점 검투, 공법학연구, 7(3), 339–367.
정순원(2008). 헌법상 정보공개와 교육정보공시법의 입법방향, 교육법학연구, 20(1), 161–184.
정연정(2013). 전자정부를 통한 정부의 변화와 중국정부의 발전 방향, 사회과학연구, 24(1), 105–125.
정일영 · 김지연 · 김가은 · 김석관 · 최병삼(2019). 유럽 개인정보보호법의 산업적 파급효과와 혁신시굴 이슈 분석, STRPI Insight, 233, 1–30.
정종필 · 이장원(2015). 중국 전자정부화 프로젝트의 목표와 효과에 대한 소고, 아태연구, 22(5), 69–94.
정충식(2004). 한국과 미국의 전자정부법 비교분석, 사회과학연구, 20(2), 112–150.
정하명(2010). 행정정보공개대상 정보의 적정 범위: 대법원 2008.11.27. 선고 2005두15694 판결을 중심으로, 부산대학교 법학연구, 51(1),

49－70.
조성규(2015). 정보공개 거부처분을 둘러싼 법적 쟁점-정보의 부존재를 중심으로, 행정법연구, 43, 83－109.
진설·최석범(2013). 중국의 전자정부 구축현황과 시사점, 통상정보연구, 13(4), 203－227.
최슬기·정광호(2014). 전자정부와 부패의 관계에 관한 실증연구: 정책결정 투명성을 중심으로, 한국지역정보화학회지, 17(2), 29－59.
최승환·이원희(2008). 재정투명성 제고를 위한 국회의 역할, 의정논총, 3(2), 29－58.
최유진·최순영·홍재환(2013). 옴부즈만 제도 활성화 방안 연구: AHP 분석방법을 활용한 정책대안 우선순위의 도출, 행정논총, 51(2), 95－119.
최용전(2014). 정부 3.0 구현을 위한 경상북도의 역할과 책임, 입법정책, 8(2), 7－33.
최진원(2014). 정부3.0 공공정보 개방을 위한 제도적 개선 방안: 저작권을 중심으로, 경제규제와 법, 7(2), 38－55.
최태현·김덕수·하정연(2015). 전자정부 책임성 구현을 위한 대안적 접근: 맥락적 정의와 공유된 인지모형, 한국행정학보, 49(4), 181－206.
한국지방행정연구원(각연도). 지방자치단체 지방재정분석편람.
허경선·라영재(2011). 공공기관 성과 향상을 위한 공공기관 지배구조의 연구, 한국조세연구원.
허영(2002). 헌법이론과 헌법, 서울: 박영사.
홍완식(2016). 의사공개원칙에 관한 연구, 일감법학, 33, 553－576.
홍준형(1992). 정보공개청구권과 정보공개법, 법과 사회, 6, 76－104.
황주성(2015). 전자정부가 공공데이터 개방의 성과에 미치는 영향－사회·제도적 조절변수를 중심으로, 한국지역정보화학회지, 18(2), 1－28.
행정안전부(2017). 2017 행정정보공개 연차보고서, 서울; 행정안전부.
행정안전부(2019). 정보공개 운영안내서, 세종: 행정안전부.

국정신문(1997). (행정쇄신-국민 편익증진) 공공기관 정보 공개…주민 등록 이동절차 1회로 간소화.

Abelson, J., Gauvin, F., MacKinnon, M. P., & Watling, J. (2004). Transparency, trust and citizen engagement. Ottawa: Canadian Policy Research Networks Inc.

AbouAssi, K., & Nabatchi, T. (2019). A Snapshot of FOIA administration: Examining recent trends to inform future research. *The American Review of Public Administration*, 49(1), 21–35.

Abu-Shanab, E. A., Harb, Y. A., & Al-Zoubi, S. Y. (2013). E-government as an anti-corruption tool: citizens perceptions. *International Journal of Electronic Governance*, 6(3), 232–248.

Ackerman, J. M.; Sandoval–Ballesteros, I. E. (2006). The global explosion of freedom of information laws. *Administrative Law Review*, 58(1), 85–130.

Acosta, A. (2013). The impact and effectiveness of accountability and transparency initiatives: The governance of natural resources. *Development Policy Review*, 31, s89–s105.

Aftergood, S. (2008). Reducing government secrecy: Finding what works, *Yale Law & Policy Review*, 27(2), 399–416.

Ahn, M. J., & Bretschneider, S. (2011). Politics of e-government: E-government and the political control of bureaucracy. *Public Administration Review*, 71(3), 414–424.

Albu, O. B., & Flyverbom, M. (2019). Organizational transparency: Conceptualizations, conditions, and consequences. *Business & Society*, 58(2), 268–297.

Alloa, E. (2017). The limits of transparency: A thinking exercise in Flanders, KVAB Thinkers in residence programme 2017, Belgium.

Alt, J. Dreyer, D. Skilling, D. (2002). Fiscal transparency, gubernatorial approval, and the scale of government: Evidence from the states,

State Politics & Policy Quarterly, 2(3), 230–250.

Ananny, M. & Crawford, K. (2018). Seeing without knowing: Limitations of the transparency ideal and its application to algorithmic accountability, *New Media & Society*, 20(3), 973–989.

Anderson, S. & Heywood, P. (2009). The politics of perception: Use and abuse of Transparency International's approach to measuring corruption, *Political Studies*, 57, 746–767.

Andreula, N., Chong, A., & Guillen, J. (2009). Institutional quality and fiscal transparency, IDB Working paper series, IDB-WP-125, Washington D.C.: Inter-American Development Bank.

Arbatli, E., & Escolano, J. (2015). Fiscal transparency, fiscal performance and credit ratings. *Fiscal Studies*, 36(2), 237–270.

Arellano-Gault, D. & Lepore, W. (2011). Transparency reforms in the public sector: Beyond the new economics of organization, *Organization Studies*, 32(8), 1029–1050.

Armstrong, C. (2011). Providing a clearer view: An examination of transparency on local government websites, *Government Information Quarterly*, 28, 11–16.

Bac, M. (2001). Corruption, connections and transparency: Does a better screen imply a better scene?, *Public Choice*, 107, 87–96.

Badun, M. (2009). Budget transparency, *Financial Theory & Practice*, 33(4), 481–483.

Balkin, J. (1999). How mass media simulate political transparency, *Faculty Scholarship Series*. 259. https://digitalcommons.law.yale.edu/fss_papers/ 259.

Ball, C. (2009). What is transparency?, *Public Integrity*, 11(4), 293–307.

Bannister, F., & Connolly, R. (2011). The trouble with transparency: a critical review of openness in e-government. *Policy & Internet*, 3(1), 1–30.

Bastida, F. & Benito, B. (2007). Central government budget practices and transparency: An international comparison, *Public Administration*, 85(3), 667-716.

Bastida, F., Guillamon, M., & Benito, B. (2017). Fiscal transparency and the cost of sovereign debt, *International Review of Administrative Sciences*, 83(1), 106-128.

Bates, J. (2014). The Strategic importance of information policy for the contemporary neoliberabl state: The case of open government data in the United Kingdom, *Government Information Quarterly*, 31(3), 388-395.

Bauhr, M. & Grimes, M. (2012). What is government transparency?-New measures and relevance for quality of government, QoG Working Paper Series.

Benkler, Y. (2011). A free irresponsible press: Wikileaks and the battle over the soul of the networked fourth estate, *Harvard Civil Rights-Civil Liberties Law Review*. 46, 311-397.

Benito, B., & Bastida, F. (2009). Budget transparency, fiscal performance, and political turnout: An international approach. *Public Administration Review*, 69(3), 403-417.

Berliner, D. (2014). The political origins of transparency. *The Journal of Politics*, 76(2), 479-491.

Bertot, J, Jaeger, P.T. and Grimes, J.M., (2010). Using ICTs to create a culture of transparency: E-government and social media as openness and anti-corruption tools for societies. *Government Information Quarterly*, 27(3), 264-271.

Beyer, J. (2014). The emergence of a freedom of information movement: Anonymous, WikiLeaks, the Pirate Party, and Iceland. *Journal of Computer-Mediated Communication*, 19(2), 141-154.

Birchall, C. (2011). "There's been too much secrecy in this city" The false choice between secrecy and transparency in US politics,

Cultural Politics, 7(1), 133–156.

Birchall, C. (2012). Introduction to 'secrecy and transparency': The politics of opacity and openness, *Theory, Culture & Society*, 28 (7~8), 7–25.

Brandsma, G. (2012). The effect of information on oversight: the European Parliament's response to increasing information on comitology decision-making, *International Review of Administrative Sciences*, 78(1), 74–92.

Bratich, J. (2016). Occult(ing) transparency: An epilogue, *International Journal of Communication*, 10, 178–181.

Brown, D. (2005). Electronic government and public administration. *International Review of Administrative Sciences*, 71(2), 241–254.

Broz, L. (2002). Political system transparency and monetary commitment regimes, *International Organization*, 56(4), 861–887.

Caamaño-Alegre, J., Lago-Peñas, S., Reyes-Santias, F., & Santiago-Boubeta, A.(2013). Budget transparency in local governments: an empirical analysis. Local Government Studies, 39(2), 182–207.

Camaj, L. (2016). From 'window dressing' to 'door openers'? Freedom of information legislation, public demand, and state compliance in South East Europe, *Government Information Quarterly*, 33, 346–357.

Carlitz, R. (2013).Improving transparency and accountability in the budget process: an assessment of recent initiatives, *Development Policy Review*, 31(s1), S49–S67.

Charnovitz, S. (2003). Transparency and participation in the World Trade Organization. *Rutgers Law Review*. 56, 927. 1–33.

Chen, Q., Xu, X., Cao, B., & Zhang, W. (2016). Social media policies as reponses for social media affordances: The case of China, *Government Information Quarterly*, 33, 313–324.

Chen, C., & Neshkova, M. I. (2020). The effect of fiscal transparency on corruption: A panel cross country analysis. *Public Administration*, 98(1), 226–243.

Choi, J. (2018). Factors influencing public officials' responses to requests for information disclosure, *Government Information Quarterly*, 35, 30–42.

Christensen, L. & Cheney, G. (2015). Peering into transparency: Challenging ideals, proxies, and organizational practices, *Communication Theory*, 25, 70–90.

Christensen, L. & Cornelissen, J. (2015). Organizational transparency as myth and metaphor, *European Journal of Social Theory*, 18(2), 132–149.

Coglianese, C., Kilmartin, H., & Mendelson, E. (2008). Transparency and public participation in the federal rulemaking process: Recommendations for the new administration. *George Washington Law Review*, 77, 924–972.

Coglianese, C. (2009). The Transparency president? The Obama administration and open government. *Governance*, 22(4), 529–544.

Crain, M. (2018). The limits of transparency: Data brokers and commodification, *New Media & Society*, 21(1), 88–104.

Cucciniello, M. and Nasi, G. (2014). Transparency for Trust in Government: How Effective is Formal Transparency?. *International Journal of Public Administration*, 37(13), 911–921.

Curtin, D., & Meijer, A. J. (2006). Does transparency strengthen legitimacy?. *Information Polity*, 11(2), 109–122.

da Cruz, N. F., Tavares, A. F., Marques, R. C., Jorge, S., & De Sousa, L. (2016). Measuring local government transparency. *Public Management Review*, 18(6), 866–893.

Deng, S., Peng, J., & Wang, C. (2013). Fiscal transparency at the Chinese provincial level. *Public Administration*, 91(4), 947–963.

de Boer, N., & Eshuis, J. (2018). A street level perspective on government transparency and regulatory performance: Does relational distance matter?. *Public Administration*, 96(3), 452–467.

de Fine Licht, J. (2011). Do We Really Want to Know? The Potentially Negative Effect of Transparency in Decision Making on Perceived Legitimacy. *Scandinavian Political Studies*, 34(3), 183–201.

de Fine Licht, J. (2014). Policy Area as a Potential Moderator of Transparency Effects: An Experiment. *Public Administration Review*, 74(3), 361–371.

de Fine Licht, J., Naurin, D., Esaiasson, P. and Gilljam, M. (2014). When does transparency generate legitimacy? Experimenting on a context- bound relationship. *Governance, 27*(1), 111–134.

de Jong, J. & de Vries, M. (2007). Towards unlimited transparency? Morals and facts concerning leaking to the press by public officials in the Netherlands, *Public Administration & Development*, 27, 215–225.

Dhalla, I. & Laupacis, A. (2008). Moving from opacity to transparency in pharmaceutical policy, *Canadian Medical Association Journal*, 178, 428–431.

Dogan, K. (2010). Transparency and political moral hazard, *Public Choice*, 142(1–2), 215–235.

Dragos, D., Neamtu, B., & Cobarzan, B. (2012). Procedural transparency in rural Romania: Linking implementation with administrative capacity, *International Review of Administrative Science*, 78(1), 134–157.

Etzioni, A., (2010). Is transparency the best disinfectant?. *Journal of Political Philosophy, 18*(4), 389–404.

Etzioni, A., (2014). The limits of transparency. Public Administration Review, 74(6), 687–688.

Fairbank, J., Plowman, K., & Rawlins, B. (2007). Transparency in government communication, *Journal of Public Affairs*, 7, 23–37.

Feiser, C. (1999). Privatization and the freedom of information act: An analysis of public access to private entities under federal law, *Federal Communications Law Journal*, 52(1), 21–62.

Félix, J. (2015). Paths to Fiscal Transparency. Control, Knowledge and Communication in Early–Modern Polities. *Histoire & Mesure*, 30(XXX–2), 3–22.

Fenster, M. (2006). The opacity of transparency, *Iowa Law Review*, 91(3), 885–950.

Fenster, M. (2008). Designing transparency: The 9/11 commission and institutional form, *Washington & Lee Law Review*, 65(4), 1239–1322.

Ferry, L. & Eckersley, P. (2014). Accountability and transparency: A nuanced response to Etzioni, *Public Administration Review*, 75(1), 11–12.

Florini, A. (1998). The end of secrecy, *Foreign Policy*, 111, 50–63.

Flyberbom, M., Christensen, L., & Hansen, H. (2015). The transparency-Power nexus; Observational and regularizing control, *Management Communication Quarterly*, 29(3), 385–410.

Fox, J. (2007). Government transparency and policymaking, *Public Choice*, 131, 23–44.

Fung, A, Graham, Mary, & Weil, David. (2007). *Full Disclosure: The Perils and Promise of Transparency.* U.K.: Cambridge University Press.

Fung, A., (2013). Infotopia: Unleashing the Democratic Power of Transparency. *Politics & Society*, 41(2), 183–212.

Gavazza, A., & Lizzeri, A. (2009). Transparency and economic policy, *The Review of Economy Studies*, 76, 1023–1048.

Goldstein, H. & Myers, K. (1996). Freedom of information: Towards a code of ethics for performance indicators, *Research Intelligence*, 57, 12–16.

Glennerster, R. & Shin, Y. (2008). Does transparency pay?, *IMF Staff papers*, 55(1), 183–209.

Grigorescu, A., (2002). International organizations and government transparency: Linking the international and domestic realms, *International Studies Quarterly*, 47, 643–667.

Grimmelikhuijsen, S. (2012). Linking transparency, knowledge and citizen trust in government: An experiment. *International Review of Administrative Sciences, 78*(1), 50–73.

Grimmelikhuijsen, S. and John P. & Meijer A. and Worthy, B. (2018). Do freedom of information laws increase transparency of government? A replication of a field experiment. *Journal of Behavioral Public Administration. 1*(2), 1–10.

Grimmelikhuijsen, S., & Klijn, A. (2015). The effects of judicial transparency on public trust: Evidence from a field experiment. *Public Administration*, 93(4), 995–1011.

Grimmelikhuijsen, S. & Knies, E. (2017). Validating a scale for citizen trust in government organizations. *International Review of Administrative Sciences, 83*(3), 583–601.

Grimmelikhuijsen, S. & Meijer, A. (2012). Effects of transparency on the perceived trustworthiness of a government organization: Evidence from an online experiment. *Journal of Public Administration Research and Theory, 24*(1), 137–157.

Grimmelikhuijsen, S. & Meijer, A. (2015). Does Twitter increase perceived police legitimacy?. *Public Administration Review, 75*(4), 598–607.

Grimmelikhuijsen, S., Porumbescu, G., Hong, B. and Im, T. (2013). The effect of transparency on trust in government: A cross-national comparative experiment. *Public Administration Review,*

73(4), 575–586.

Grimmelikhuijsen, S. & Welch, E. (2012). Developing and testing a theoretical framework for computer mediated transparency of local governments. *Public Administration Review*, 72(4), 562–571.

Hameed, F. (2011). Budget transparency and financial markets, *International Budget partnership*, Working paper.

Haufler, V. (2010). Disclosure as governance: The extractive industries transparency initiative and resource management in the developing world, *Global Environmental Politics*, 10(3), 53–73.

Heald, D. (2006). Varieties of Transparency. Christopher Hood & David Heald. eds. *Transparency: The Key to Better Governance?* pp. 25–43. UK: Oxford University Press.

Heald, D. (2012). Why is transparency about public expenditure so elusive?, *International Review of Administrative Science*, 78(1), 30–49.

Hebb, T. (2006). The economic inefficiency of secrecy: Pension fund investors' corporate transparency concerns, *Journal of Business Ethics*, 63, 385–405.

Hollyer, J., Rosendorff, B., & Vreeland, J. (2011). Democracy and transparency, *The Journal of Politics*, 73(4), 1191–1205.

Hollyer, J., Rosendorff, B., & Vreeland, J. (2014). Measuring transparency, *Political Analysis*, 22(4), 413–434.

Ingrams, A. (2018). Transparency for results: testing a model of performance management in open government initiatives, *International Journal of Public Administration*, 41(13), 1033–1046.

Ingrams, A., Manoharan, A., Schmidthuber, L., & Holzer, M. (2020). Stages and determinants of e-government development: a twelve-year longitudinal study of global cities. *International Public Management Journal*, 23(6), 731–769.

International Monetary Fund (IMF) (2007). Guide on resource revenue transparency, Washington D.C.: IMF.

Jaeger, P. & Bertot, J. (2010). Transparency and technological change: Ensuring equal and sustained public access to government information, *Government Information Quarterly*, 27, 371－376.

Jagerskiold, S. (1960). Swedish ombudsman. University of *Pennsylvania Law Review*, 109, 10771099.

Koppell, J. (2005). Pathologies of accountability: ICANN and the challenge of multiple accountabilities disorder. *Public Administration Review*, *65*(1), 94－108.

Kim, P. (2008). A daunting task: The move for transparency and accountability in the Asian public sector, *Public Management Review*, 10(4), 527－537.

Kim, S., & Lee, J. (2012). E-participation, transparency, and trust in local government. *Public Administration Review*, 72(6), 819－828.

Kim, S., Park, M. and Rho, J. (2015). Effect of the government's use of social media on the reliability of the government: Focus on twitter. *Public Management Review*, 17(3), 328－355.

Kuzma, J. (2010). Accessibility design issues with UK e-government sites. *Government Information Quarterly*, 27(2), 141－146.

Lampe, C., LaRose, R., Steinfield, C., & DeMaagd, K. (2011). Inherent barriers to the use of social media for public policy informatics, *The Innovation Journal: The Public Sector Innovation Journal*, 16(1), 1－17.

Lathrop, D., & Ruma, L.. (2010). Preface. In Daniel Lathrop & Laurel Ruma. (eds), *Open Government: Collaboration, Transparency, and Participation in Practice*. CA: O' Reilly.

Layne, K., & Lee, J. (2001). Developing fully functional E-government: A four stage model. Government Information Quarterly, 18(2), 122－136.

Lee, Y. (2018). Reconciling the conflicting effects of transparency on trust in government, *Social Science Studies*, 26(2), 40–68.

Li, W. & Li, D. (2012). Environmental information transparency and implications for green growth in China, *Public Administration & Development*, 32, 324–334.

Lor, P. & Britz, J. (2007). Is a knowledge society possible without freedom of access to information, *Journal of Information Science*, 33(4), 387–397.

Luo, Y. (2014). The internet and agenda setting in China: The influence of online public opinion on media coverage and government policy, *International Journal of Communication*, 8, 1289–1312.

Marcus, M. (2001). Regulatory transparency in Japan: Half full or half empty?, *Asia Perspectives*, 3(2), 20–22.

Magro, M. (2012). A review of social media use in e–government, *Administrative Science*, 2, 148–161.

Mayer, R., Davis, J. and Schoorman, F., (1995). An Integrative Model of Organizational Trust. *Academy of Management Review*, *20*(3), 709–734.

McDermott, P. (2010). Building Open Government. *Government Information Quarterly*, *27*(4), 401–413.

Meijer, A. (2003). Transparent government: Parliamentary and legal accountability in an information age, *Information Polity*, 8(1–2), 67–78.

Meijer, A., Curtin, D. and Hillebrandt, M., (2012). Open government: Connecting vision and voice. *International Review of Administrative Sciences*, *78*(1), 10–29.

Meijer, A. (2013). Understanding the complex dynamics of transparency. *Public Administration Review*, *73*(3), 429–439.

Meijer, A., 't Hart, P., & Worthy, B. (2018). Assessing government transparency: an interpretive framework. *Administration & Society*, 50(4), 501–526.

Michener, G. (2019). Gauging the impact of transparency policies. *Public Administration Review*, 79(1), 136–139.

Mol, A. (2014). Governing China's food quality through transparency: A review, *Food Control*, 43, 49–56.

Mouan, L. (2010). Exploring the potential benefits of Asian participation in the extractive industries transparency initiative: The case of China, *Business Strategy & the Environment*, 19, 367–376.

Nam, T. (2012). Citizens' attitudes toward open government and government 2.0, *International Review of Administrative Science*, 78(2), 346–368.

Nelson, P. (2001). Transparency mechanisms at the multilateral bank, *World Development*, 29(11), 1835–1847.

Neyland, D. (2007). Achieving transparency: The visible, invisible and divisible in academic accountability networks, *Organization*, 14(4), 499–516.

OECD (2002). OECD Best practices for budget transparency, France: OECD.

OECD (2012). Procedural justice and transparency, France: OECD.

OECD (2018). The role of Ombudsman institutions in open government, France: OECD.

Open Government Partnership (2019). *Second National Action Plan (NAP) 2019–2021 in the Framework of Germany's Participation in the Open Government Partnership (OGP)*, Germany: Federal Chancellery.

Orfield, L. (1966). The Scandinavian ombudsman, *Administrative Law Review*, 19(1), 7–74.

Pack, B. (2004). FOIA Frustration: Access to government records under the Bush Administration, *Arizona Law Review*, 46, 815–842.

Panda, P., Sahu, G. & Gupta, P. (2010). Promoting Transparency and Efficiency in Public Procurement: E–Procurement Initiatives by Government of India. 7th International Conference on E-Government (ICEG) 2010, 22–24 Apr 2010, IIM Banglore, India.

Park, H., & Blenkinsopp, J. (2011). The roles of transparency and trust in the relationship between corruption and citizen satisfaction. *International Review of Administrative Sciences*, 77(2), 254–274.

Pautz, M. & Wamsley, C. (2012). Pursuing trust in environmental regulatory interactions: The significance of inspectors' interactions with the regulated community. *Administration & Society*, *44*(7), 853–884.

Peisakhin, L. & Pinto, P. (2010). Is transparency an effective anti-corruption strategy? Evidence from a field experiment in India, Regulation & Governance, 4(3), 261–280.

Petrie, M. (2013). The current state of fiscal transparency: Norms, assessment, and country practices, *PREM Notes*, 4, The World Bank.

Piotrowski, S. (2007). *Governmental transparency in the path of administrative reform*. NY: State University of New York Press.

Piotrowski, S. J., & Rosenbloom, D. H. (2002). Nonmission-based values in results-oriented public management: The case of freedom of information. *Public Administration Review*, 62(6), 643–657.

Piotrowski, S. & Van Ryzin, G. (2007). Citizen attitudes toward transparency in local government, *The American Review of Public Administration*, 37(3), 306–333.

Piotrowski, S. (2014). Transparency: A regime value linked with ethics. *Administration & Society*, 46(2), 181–189.

Pitli, H., Frank, B., & Firchow, M. (2010). The demand for transparency: An empirical note, *Review of International Organizations*, 5, 177–195.

Porumbescu, G. (2017a). Does transparency improve citizens' perceptions of government performance? Evidence from Seoul, South Korea. *Administration & Society*, 49(3), 443–468.

Porumbescu, G. (2017b). Linking transparency to trust in government and voice. *The American Review of Public Administration*, 47(5), 520–537.

Prat, A. (2005). The wrong kind of transparency. *American Economic Review*, 95(3), 862–877.

Reddick, C. (2005). Citizen interaction with e-government: From the streets to servers?, *Government Information Quarterly*, 22, 38–57.

Relly, J. & Sabharwal, M. (2009). Perceptions of transparency of government policymaking A cross-national study, *Government Information Quarterly*, 26, 148–157.

Relyea, H. (2009). Congress and freedom of information: A retrospective and a look at a current issue, *Government Information Quarterly*, 26, 437–440.

Roberts, A. (2000). Less government, more secrecy: Reinvention and the weakening of the freedom of information law, *Public Administration Review*, 60(4), 308–320.

Roberts, A. (2004) A partial revolution: The diplomatic ethos and transparency in intergovernmental organizations. *Public Administration Review*, 64(4), 410–424.

Roberts, A. (2012). WikiLeaks: the illusion of transparency, *International Review of Administrative Science*, 78(1), 116–133.

Schwab, K. (2018). The global competitiveness report, Switzerland,

The World Economic Forum.

Shi, Y. (2007). The accessibility of Chinese local government web sites: An exploratory study, *Government Information Quarterly*, 24, 377–403.

Shim, D. & Eom, T. (2009). Anticorruption effects of information communication and technology (ICT) and social capital. *International Review of Administrative Sciences*, 75(1), 99–116.

Shepherd, E., Stevenson, A., & Flinn, A., (2010). Information governance, records management, and freedom of information: A study of local government authorities in England. *Government Information Quarterly*, 27, 337–345.

Silcock, R. (2011). What is E-government, *Parliamentary Affairs*, 54, 88–101.

Smith, M. (2010). Building institutional trust through e-government trustworthiness cues, *Information Technology & People*, 23(3), 222–246.

Song, C., & Lee, J. (2015). Citizens' use of social media in government, perceived transparency, and trust in government, *Public Performance & Management Review*, 39, 430–453.

Stasavage, D. (2003). Transparency, democratic accountability, and the economic consequences of monetary institutions, *American Journal of Political Science*, 47(3), 389–402.

Sun, S. & Andrews, R. (2020). The determinants of fiscal transparency in Chinese city–level governments, *Local Government Studies*, 46(1), 44–67, The World Economic Forum(2017). *The Global Competitive Report 2017–2018*, Switzerland: The World Economic Forum.

Thompson, D. (1999). Democratic secrecy, *Political Science Quarterly*, 114(2), 181–193.

Tolbert, C. & Mossberger, K. (2006). The effects of e-government on trust and confidence in government. *Public Administration Review*, 66(3), 354–369.

Tyler, T. (2006). Psychological perspectives on legitimacy and legitimation. *Annual Review of Psychology, 57*, 375–400.

United Nations (UN) (2016). *United Nations E-government survey 2016*, NY: United Nations.

United Nations (UN) (2018). *United Nations E-government survey 2018: Gearing E-government to support transformation towards sustainable and resilient societies*, NY: United Nations.

Van der Meer, T. (2010). In what we trust? A multi-level study into trust in parliament as an evaluation of state characteristics. *International Review of Administrative Sciences*, *76*(3), 517–536.

Van Gyampo, R. E. (2016). Transparency and accountability in the management of oil revenues in Ghana. *Africa Spectrum*, 51(2), 79–91.

Vanhommerig, I., & Karré, P. (2014). Public accountability in the Internet age: changing roles for governments and citizens. *International Review of Public Administration, 19*(2), 206–217.

Veal, Don-Terry, Sauser, William I, & Folmar, Maria T. (2011). Promoting Transparency in Local Governments. Cal Clark & Don-Terry Veal. eds. *Advancing Excellence and Public Trust in Government* pp. 21–38. MD: Lexington Books.

Walker, K. L. (2016). Surrendering information through the looking glass: Transparency, trust, and protection. *Journal of Public Policy & Marketing*, 35(1), 144–158.

Wang, T., Shields, P., & Wang, Y. (2014). The effects of fiscal transparency on municipal bond issuances, *Municipal Finance Journal*, 35(1), 25–44.

Warren, E. (1974). Governmental secrecy: Corruption's ally, *American*

Bar Association Journal, 60(5), 550−553.

Welch, E. (2012). The relationship between transparent and participative government: A study of local governments in the United States. *International Review of Administrative Sciences, 78*(1), 93−115.

Wolfe, R. (2013). Letting the sun shine in at the WTO: How transparency brings the trading system to life. World Trade Organization, Staff Working Paper ERSD-2013-03, March.

Wong, W. & Welch, E. (2004). Does E-government promote accountability? A comparative analysis of website openness and government accountability, *Governance*, 17(2), 275−297.

Worthy, B. (2010). More open but not more trusted? The effect of the Freedom of Information Act 2000 on the United Kingdom central government. *Governance*, 23(4), 561−582.

Wu, W., Ma, L., & Yu, W. (2017). Government transparency and perceived social equity: Assessing the moderating effect of citizen trust in China. *Administration & Society, 49*(6), 882−906.

Xiao, W. (2010). The improved information environment as a key rationale for freedom of information reform in China, *Information Polity*, 15, 177−187.

Yang, K. & Holzer, M. (2006). The performance-trust Link: Implications for performance measurement. *Public Administration Review, 66*(1), 114−126.

Yang, K. & Rho, S. (2007). E-government for better performance: Promises, realities, and challenges, *International Journal of Public Administration*, 30, 1197−1217.

Yu, W. (2011). Open government information: Challenges faced by public human resource management in China, *International Journal of Public Administration*, 34(13), 879−888.

Zarsky, T. Z. (2013). Transparent predictions. *University of Illinois*

Law Review, 4, 1503–1570.

Zhao, D., & Hu, W. (2017). Determinants of public trust in government: Empirical evidence from urban China. *International Review of Administrative Sciences*, 83(2), 358–377.

Zheng, L (2013) Social media in Chinese government: Drivers, challenges and capabilities, *Government Information Quarterly*, 30, 369–376.

Zheng, L. & Zheng, T. (2014). Innovation through social media in the public sector: Information and interactions, *Government Information Quarterly*, 31(s1), S106–S117.

Zuiderwijk, A., & Janssen, M. (2014). Open data policies, their implementation and impact: A framework for comparison. *Government Information Quarterly*, 31(1), 17–29.

찾아보기

저자 소개

현, 중국 산동대(山东大学) 정치행정학부 교수.
고려대에서 교육학을 전공, 경제학을 부전공으로 학사학위를 받고, 서울대에서 정책학으로 석사학위를 취득하였다. 그 후, 미국 럿거스대(Rutgers University)에서 행정학 박사가 되었다. 군복무를 카투사로 미군부대(Camp Stanley)에서 했으며 국회에서 인턴, 한국직업능력개발원에서 위촉연구원으로 일하기도 했다. 사회과학 전반에 관심이 많으며 특히 비교행정학 연구에 매진하고 있다.

정부투명성

2024년 1월 20일 초판 인쇄
2024년 1월 30일 초판 1쇄 발행

저 자 이 윤 수
발행인 배 효 선

발행처 도서출판 法 文 社

주 소 10881 경기도 파주시 회동길 37-29
등 록 1957년 12월 12일/제2-76호(윤)
전 화 (031)955-6500~6 FAX (031)955-6525
E-mail (영업) bms@bobmunsa.co.kr
(편집) edit66@bobmunsa.co.kr
홈페이지 http://www.bobmunsa.co.kr
조 판 법 문 사 전 산 실

정가 19,000원 ISBN 978-89-18-91464-0